REVISTA DE DIREITO DO AMBIENTE E ORDENAMENTO DO TERRITÓRIO

FICHA TÉCNICA

Inscrito no Ministério de Justiça sob o n.º 119176
Edição da APDA

Pré-Impressão, Impressão e Acabamento:
Gráfica de Coimbra

ISSN:
0873-1497

Depósito legal:
90737/95

Distribuição:
Almedina

Apoio:
Fundação Luso-Americana para o Desenvolvimento

Fotografia da Capa:
Júlio Pina Martins

Associação Portuguesa Para o Direito do Ambiente
Rua de S. Marçal, n.º 77
1200 Lisboa

REVISTA DE DIREITO DO AMBIENTE E ORDENAMENTO DO TERRITÓRIO

N.º 13

Director
Rui Chancerelle de Machete

Conselho de Redacção
António Osório de Castro *(coordenador)*
Júlio Pina Martins
João Pereira Reis
José Miguel Sardinha
Miguel Pena Machete
Teresa Morais Leitão
Bernardo de Castro Caldas
Cristiana Calheiros

A RELEVÂNCIA PROCESSUAL DOS VÍCIOS PROCEDIMENTAIS NO NOVO PARADIGMA DA JUSTIÇA ADMINISTRATIVA PORTUGUESA*

I – Considerações Introdutórias

1. Os vícios de forma do acto administrativo – vícios de forma em sentido estrito e vícios de procedimento –, e, sobretudo, as consequências da sua verificação, em termos de validade dos actos, têm, de há muito, sido objecto de atenção por parte da jurisprudência e da doutrina administrativas. A crescente importância do procedimento administrativo como modo de exercício da função administrativa, e a sua codificação em alguns dos ordenamentos mais significativos da Europa continental (Espanha, Alemanha, Portugal e, mais em termos de princípios gerais do que de regulamentação circunstanciada, em Itália), aumentaram ainda o interesse prático e dogmático da matéria.

Os conceitos de ilegalidade externa (englobando os «cas de ouverture» da incompetência e dos vícios de forma e de procedimento), e de ilegalidade interna (agrupando as «ouvertures» do desvio de poder e da violação de lei), para além do seu papel específico no contexto dos «moyens d'annulation» do recurso por excesso de poder, permitem também estabelecer a distinção clássica, em matéria de execução de sentenças anulatórias, entre as que têm por objecto actos renováveis e as que dão maior protecção ao particular vitorioso, por a Administração não poder repetir o acto anulado. Mas, hoje, com a evolução registada na justiça administrativa, o regime dos vícios formais tem vindo a sofrer mutações importantes, encontrando-se, toda-

---

* Artigo destinado a integrar a colectânea de estudos em memória do Prof. Doutor António Luciano Sousa Franco.

via, ainda longe de estar estabilizado. Analisar o seu regime no ordenamento português, e descortinar as tendências mais prováveis das suas alterações, constitui o propósito deste estudo.

O reconhecimento da importância da forma e das formalidades do procedimento administrativo, como garantia do fraco contra os excessos do poderoso, não fez esquecer que a actividade administrativa deve ser eficiente e célere. Assim, o ensinamento de Jhering, de que «o formalismo é o pior inimigo do arbítrio e o irmão gémeo da liberdade»[1] nunca obstou a que se procurasse encontrar soluções, designadamente no procedimento administrativo, em que a economia processual e a solução ditada pelo direito material fossem tidas em conta, e objecto de compromisso. O entendimento balanceado do princípio da legalidade conduziu a que, ao contrário do rígido formalismo da lógica kelseneana, se adoptasse, consoante os ordenamentos, uma escala diversificada de sanções aplicáveis segundo modelos de controlo jurisdicional e de autocontrolo administrativo.

2. O carácter instrumental das formalidades procedimentais é orientado para a garantia de uma correcta actividade administrativa guiada pelos parâmetros legais, e para a tomada de uma decisão final segundo o prescrito pelo direito material. Tal facto torna compreensível que as consequências da sua inobservância variem em função dos princípios prevalecentes nos correspondentes sistemas de fiscalização e, em última análise, nos ordenamentos jurídicos a que estes pertencem. É, assim, natural e lógico que, num sistema de justiça administrativa, cuja finalidade dominante seja a defesa das posições subjectivas dos particulares, o valor das formalidades tenda a subalternizar-se perante o relevo atribuído aos vícios substanciais, «quando resulte de modo claro que a violação não influiu no conteúdo da decisão» – segundo a expressão usada na nova redacção do § 46 da Lei do Procedimento Administrativo alemã – e que, ao invés, num contencioso objectivo, como o «recurso por excesso de poder» francês, as sanções das violações formais tendam a equiparar-se às substantivas. De um modo ainda mais geral, poderemos mesmo reconhecer que a consagração da imparcialidade, da proporcionalidade e da justiça, como princípios gerais enformadores da legalidade e reitores da

---

[1] "Geist des roemischen Rechts", 9ª ed., reimp. de 1968, vol. 2.2, Aalen, pág. 471.

actividade administrativa, e a correspondente densificação da fiscalização jurisdicional, introduziram uma dinâmica favorável à desvalorização das formas e do seu desrespeito.

Mais recentemente, as preocupações reformistas de conseguir que a acção administrativa se torne mais célere e eficiente, pressionando no sentido de aumentar o número de oportunidades em que se possa lançar mão do chamado deferimento tácito, da comunicação prévia dos particulares à Administração do início de actividade, ou de procedimentos simplificados, ou de outras técnicas conducentes a que, se encurtem os prazos, e se aumente o número de decisões e de resultados obtidos em determinado período – a designada por certa doutrina como «administração de resultado» –, vieram tornar ainda mais dilemática e actual a opção entre o respeito exigente das formas, e o relativo aligeiramento das sanções pela sua não observância. A questão é certamente susceptível de ser analisada numa perspectiva de direito constituendo, no espaço livre de conformação de que goza o legislador ordinário, mas o seu exame tem igualmente cabimento «de jure constituto». É que, a relativa parcimónia usada na regulamentação das nulidades em todos os principais ordenamentos que consagram uma disciplina própria da actividade administrativa, por um lado, e a influência conformadora da segurança e dos acima mencionados princípios da imparcialidade, proporcionalidade e justiça sobre o modo de interpretar a legalidade, por outro, têm permitido, e até imposto à jurisprudência, acompanhada, por vezes, pela doutrina, uma verdadeira criação de direito. Acresce que, como acontece agora no caso português, a introdução de novas figuras: – sendo a acção de condenação à prática de um acto administrativo devido, a mais relevante –, e a própria remodelação geral do sistema de justiça administrativa, com inevitável repercussão em institutos da teoria geral do processo administrativo, tais como a legitimidade e o interesse em agir, justificam, por razões de coerência sistemática, que o tema seja repensado. Os valores materiais e formais protegidos pelas normas administrativas, e o próprio conceito de norma administrativa, tão pouco são indiferentes às opções tomadas pela ordem jurídica quanto aos vícios de forma e ao modo como são sancionados.

O problema assume maior relevância teórica e prática nos processos contenciosos de impugnação de actos de autoridade, os actos administrativos em sentido estrito, que são os actos com que se concluem os procedimentos administrativos comuns e o objecto das acções ou recursos de impugnação. Mas a questão pode também colocar-se a propósito dos procedimentos que se concluam por regulamentos, pela celebração de contratos administrativos, ou por outros actos da Administração. As nossas considerações vão, porém, limitar-se aos actos administrativos em sentido estrito, e aos respectivos procedimentos e processos contenciosos. Não consideraremos, porém, "per se", a problemática dos vícios de forma e procedimentais em sede de autocontrolo da Administração; tão pouco consideraremos, especificamente, o vício da incompetência, em muitos casos tratado em termos similares aos dos vícios procedimentais.

O cotejo com os dois ordenamentos jurídicos mais evoluídos e representativos dos sistemas contenciosos, o primeiro de carácter objectivo – o recurso por excesso de poder elaborado pela acção pretoriana do Conseil D'État –, o segundo de natureza subjectiva – o actual sistema germânico –, bem como uma referência à viva discussão que sobre o assunto se regista actualmente em Itália, abrem caminho às considerações que pretendemos desenvolver, necessariamente ainda muito provisórias, sobre a situação actual no problema do Direito português após a entrada em vigor do novo Código de Processo nos Tribunais Administrativos.

II – Os Vícios Procedimentais no Recurso por Excesso de Poder em França

No relativamente vasto espectro dos recursos contenciosos em França, o contencioso por excesso de poder e o recurso de plena jurisdição são certamente os dois mais importantes.

Caracteriza-se o primeiro, na síntese lapidar do «arrêt» Dame Lamotte, por ser *"o recurso que é admitido, mesmo sem texto, contra qualquer acto administrativo e que tem por fim o de assegurar, de acordo com os princípios gerais de direito, o respeito pela legalidade"*[2]. Reveste a natureza de um contencioso de anulação de acordo

---

[2] In "Les Grands Arrêts de la Jurisprudence Administrative" de Long, Weil, Braibant, Devolvé, Genevois, 12ª ed., Paris, 1999, págs. 422-3.

com a classificação de Aucoc[3] e, sobretudo, de Laferrière[4], uma vez que o juiz, se entender o recurso fundado, limita-se a anular o acto ilegal, não tendo poderes para o modificar ou substituir por outro. Nos termos da distinção proposta por Duguit[5], é um contencioso objectivo, pois que a questão submetida ao juiz reporta-se a saber se a acção ou abstenção é contrária a uma regra de direito, ou viola uma situação de direito objectivo, e não à violação de uma situação jurídica subjectiva.

As duas classificações, contencioso de anulação e contencioso objectivo, não sendo coincidentes, têm, como fazem notar Auby e Drago, a vantagem de permitir enriquecer a síntese das características dos dois ramos principais do contencioso francês: o contencioso por excesso de poder e o contencioso dos direitos[6]. Dada a finalidade comparativa com que analisamos o excesso de poder, daremos preponderância às notas que conduzem a qualificar o recurso como objectivo.

O recurso por excesso de poder apresenta-se, na expressão conhecida de Laferrière, como "um processo feito a um acto"[7]. Já não procede, porém, a negação da existência de partes, nem sequer em sentido formal, sustentada por Hauriou. No seu comentário a «Ville d'Avignon», o grande jurisconsulto observa penetrantemente que a situação dos interessados particulares se aproxima «da de um ministério público promovendo a repressão de uma contravenção»[8]. Particulares e Administração não são partes em sentido material, como

---

[3] "Conférences Sur l'Administration Et le Droit Administratif", T.I, 3ª ed., Paris, 1885, págs. 471-2, chamando já a atenção para o paralelismo existente entre o recurso para a Cassação e o recurso por excesso de poder.

[4] É Edouard Laferrière quem desenvolve, seguindo o critério dos poderes do juiz, a divisão do contencioso em quatro grandes ramos: o contencioso de plena jurisdição, o contencioso de anulação, o contencioso de interpretação e o contencioso de repressão. "Traité de la Juridiction Administrative et des Recours Contentieux", T.I., 2ª ed., Paris, 1896, pág. 15 e segs..

[5] "Traité de Droit Constitutionnel", T. II, 3ª ed., Paris, 1928, pág. 435 e segs..

[6] "Traité De Contentieux Administratif", T. II, 3ª ed., Paris, 1984, pág. 80.

[7] "Traité…" cit., T. II, pág. 561.

[8] Reproduzido em Maurice Hauriou, "Notes D'Arrêts Sur Décisions Du Conseil D'État Et Du Tribunal Dês Conflits Publiées Au Recueil Sirey De 1892 À 1928", 2º vol., Paris, 1929, pág. 408. Veja-se, também, R. Chapus, "Droit Du Contentieux Administratif", 11ª. Ed., Paris, 2004, pág. 210 e ses..

titulares ou afirmando-se titulares de uma situação subjectiva que pretendem defender em juízo, mas são partes em sentido processual, como bem o evidencia o seu direito à interposição do recurso de uma sentença que lhes seja desfavorável, e a própria existência do recurso de oposição de terceiro.

A predominância dos elementos objectivos no recurso por excesso de poder revela-se, entre outras circunstâncias, nos requisitos do pressuposto processual da legitimidade do recorrente, em que o particular não pode renunciar antecipadamente ao recurso; na revogabilidade da desistência do recurso pendente, ainda que esta já tenha sido aceite pela Administração; na inadmissibilidade de um pedido reconvencional fundado no abuso pelo particular do meio processual; no efeito «erga omnes» do caso julgado anulatório; na dispensa de patrocínio de advogado; e na isenção de custas[9].

A questão do «interêt à agir», da posição do particular em relação ao acto impugnado, é especialmente importante e delicada no recurso por excesso de poder, e marca uma diferença essencial face ao contencioso dos direitos ou subjectivo. Neste último, quem reclama em juízo o reconhecimento de um direito de que se afirma titular é, «ipso facto», parte legítima. As restantes pessoas não o são, salvo se se encontrarem nas situações excepcionais de extensão legal da legitimidade. No contencioso objectivo, no recurso de anulação de actos administrativos, não se exige que o recorrente se afirme titular de um direito subjectivo ou posição similar. No «Traité» de Laubadère, agora continuado por Gaudemet, dá-se uma explicação clara quanto à situação actual dos requisitos da legitimidade no recurso por excesso de poder: «a solução adoptada pela jurisprudência francesa é a do interesse ofendido («interêt froissé»). O requerente deve justificar ter um certo interesse na anulação do acto. Esta noção de um interesse ofendido é muito diferente da de um direito de que se queira exercitar a defesa em juízo. Exprime, simplesmente, a ideia de que se não quis, por razões práticas, permitir indiferentemente o recurso a qualquer pessoa. Daí resulta que a definição do interesse exigido é muito relativa e sujeita a evolução»[10].

---

[9] Veja-se Auby e Drago, "Traité Des Recours En Matière Administrative", Paris, 1992, pág. 123 e segs..

[10] "Traité De Droit Administratif", T.I., 16ª ed., Paris, 2001, agora já só com o nome de Yves Gaudemet, pág. 481. O abandono nos princípios do Século XX do requisito de

Trata-se, assim, de uma noção empírica, insusceptível de uma definição abstracta segura. O modo liberal como o Conselho de Estado tem interpretado o requisito não vai ao ponto de transformar o recurso por excesso de poder numa acção popular – pretende-se mesmo, por forma deliberada, evitar esse resultado –, mas, encontramo-nos muito longe da investigação sobre os interesses protegidos pela norma jurídica, cuja violação se invoca, a que procedem os tribunais alemães, seguindo os cânones impostos pela teoria da norma de protecção («Schutznormtheorie»). A desenvoltura com que o Conselho de Estado tem manipulado o conteúdo do conceito de interesse ofendido ou de interesse em agir, mostra bem, que a «actio» não decorre do direito material, mas é concedida por decisão criadora do juiz.

Este carácter predominantemente objectivo do recurso por excesso de poder oferece-nos a razão da regra principal em matéria de sanção dos vícios de forma e de procedimento no direito administrativo francês: o juiz, verificando que o acto impugnado está ferido de um tal vício, profere sentença, anulando-o. Na verdade, se o papel do juiz é o de apreciar a legalidade do acto e não os direitos ou interesses do recorrente por ela afectados, o facto do vício não prejudicar nem alterar a posição daquele é irrelevante. O que está em jogo é o interesse objectivo que o acto põe em causa. As normas sobre a forma visam objectivos que transcendem ou podem até nem sequer reportar-se aos intervenientes no processo em que são discutidos. Garantem a qualidade da acção administrativa, a informação do público, e a participação dos interessados, e não apenas, os direitos dos particulares. A anulação por vício de forma tem, assim, um efeito "pedagógico", independentemente das vantagens que possa ter para o recorrente. A eficácia "erga omnes" da sentença anulatória, corresponde a essa lógica, e reforça aquele efeito.

A questão da relevância dos vícios de forma e do procedimento na jurisprudência francesa do recurso por excesso de poder não pode ser analisada sem uma referência às "aberturas" ("ouvertures") ou

---

violação dos "direitos adquiridos" não só confirmou o pendor objectivo do recurso de anulação, mas igualmente justifica a falta de interesse da doutrina francesa pela problemática dos direitos subjectivos públicos – veja-se sobre a expansão do recurso por excesso de poder e o desaparecimento do requisito de violação de direitos adquiridos, a que anteriormente se encontrava subordinada a violação da lei, P. Landon, "Histoire Abregée Des Recours Pour Excès De Pouvoir Des Origines À 1954", Paris, 1962, pág. 27 e segs..

meios de anulação. Estes são conceitos que procuram captar as manifestações características do excesso de poder, isto é, os vícios do acto administrativo, mas que têm também significado processual, delimitando os poderes de cognição do juiz no caso concreto. Neste ponto, o modo de actuar do juiz administrativo francês é muito diferente do alemão, italiano ou português, não se aplicando de modo pleno o princípio "jus novit curia". Não se trata de o tribunal aplicar o direito aos factos trazidos a juízo, mas de responder pontualmente aos meios de anulação apresentados, com excepção dos "meios de ordem pública", que podem ser apreciados "ex officio".

A classificação das "ouvertures" varia consoante os autores, embora assente no fundo comum das ideias de Bonnard e de Gazier. Auby e Drago esquematizaram-na assim:

> Controlo de legalidade externa: incompetência, vício de forma e vício de procedimento.
> Controlo de legalidade interna: violação da regra de direito; ilegalidade relativa aos motivos de direito – decomposta em acto praticado fora do campo de aplicação da lei, falta de base legal e erro de direito –; ilegalidade relativa aos motivos de facto – decomposta em facto materialmente inexacto, facto não entrando no campo de aplicação da lei, erro manifesto de apreciação, controlo de qualificação jurídica dos factos, apreciação dos factos –; e, finalmente, desvio de poder e desvio de procedimento.[11]

Os "moyens de legalité externe" e os "moyens de legalité interne" constituem objectos de processo diferentes, isto é, causas jurídicas ("causes juridiques") distintas. Deste modo, quem tenha recorrido com fundamento em vício de forma ou de procedimento, passado o prazo do recurso, pode ainda invocar outro meio externo de anulação, v.g., a incompetência, mas não já um meio de anulação relativo à ilegalidade interna, e, reciprocamente, quem só tenha apresentado meios relativos ao controlo de legalidade interna, não pode, precludido o prazo do recurso, apresentar "ouvertures" de legalidade externa.

Os meios de anulação devem ser examinados pelo tribunal segundo uma ordem lógica: primeiro os meios de legalidade externa e, depois, os de legalidade interna. Tal significa que os meios de legali-

---

[11] "Traité Des Recours ..." cit., pág. 332.

dade interna, ainda que susceptíveis de conduzir à anulação do acto, não serão examinados, se a incompetência ou os vícios de forma ficarem demonstrados. Este princípio da economia processual, mas que debilita a protecção jurisdicional dos particulares, nem sempre é observado quando a ilegalidade de fundo é particularmente grave, mas constitui a prática mais frequente.

Apesar do reconhecimento pela maioria da doutrina e da jurisprudência de que o "recurso por excesso de poder" reveste carácter objectivo, é um "recurso de ordem pública", o juiz administrativo nunca aceitou que todos os "moyens" fossem de ordem pública, isto é, pudessem ser suscitados pelo tribunal "ex officio"[12]. O juiz francês tão pouco considera que a existência de um "moyen" de ordem pública o obrigue necessariamente a proceder à sua apreciação quando não for invocado pelo requerente. Examinar, ou não, a questão, fica dependente, neste caso, da sua decisão discricionária.

São considerados como "moyens d'ordre public", a incompetência do autor do acto; a falta de consulta das secções administrativas do Conselho de Estado, quando devida; a falta de parecer prévio ou a audiência defeituosa de uma autoridade ou de um órgão colegial, quando a sua consulta é obrigatória; a violação do caso julgado; e, ainda, a situação de erro de direito por o acto ser praticado fora do campo de aplicação da lei, isto é, em caso de inaplicabilidade da lei ao caso concreto[13].

3. O sistema de "moyens" ou "ouvertures", que sumariamente descrevemos, repercute-se na ênfase com que são examinados os vícios de forma, como o salientou Clemens Ladenburger, no estudo de direito comparado que dedica ao tema, cotejando as similitudes e diferenças entre o regime dos vícios de forma no direito francês e no direito alemão[14].

---

[12] Auby e Drago, "Traité Des Recours ..." cit., págs. 334-335 e Kornprobst, "La Notion de Partie Et Le Recours Pour Excès De Pouvoir", Paris, 1960, pág. 352 e segs.. O carácter não vinculativo do conhecimento oficioso dos vícios é evidentemente usado pela corrente minoritária (Kornprobst, ob.cit., pág. 279 e segs.) para sublinhar a existência de elementos subjectivos no "recurso por excesso de poder".

[13] Auby e Drago, "Traité Des Recours" cit., pág. 335.

[14] "Verfahrensfehlerfolgen im franzoesischen und deutschen Verwaltungsrecht", Berlim-Heidelberga, Nova Iorque, 1999, pág. 344 e segs..

Há, desde logo, que apontar o princípio da "economia de meios" seguido, que induz a examinar, primeiro, a legalidade externa e, só depois, a legalidade interna. Esta regra permite anular o acto apenas com fundamento em vício de forma, mesmo quando aquele padeça de um vício por violação de normas substantivas. Desta forma, diminui-se a protecção oferecida pelo caso julgado, pois que, o acto viciado na forma é susceptível de renovação, mas sobretudo, não se indaga no caso "sub judice", sobre a observância das regras materiais de actividade administrativa. As disposições sobre a forma adquirem, assim, prevalência sobre os preceitos substantivos, e o direito procedimental ganha grande autonomia funcional em relação ao direito substantivo.

O juiz considera, assim, autónoma e isoladamente as questões formais, independentemente da sua funcionalidade em relação à regulação substantiva do caso concreto. Este desinteresse pelo direito material, quando o vício de forma, só por si, conduz à anulação do acto impugnado, explica a razão por que, no caso de aplicação de conceitos indeterminados, é pouco frequente que o tribunal se preocupe em saber se o acto anulado pela sentença constituiria, no caso concreto, a única solução possível de acordo com o direito substantivo[15].

É verdade que, em contraposição ao que foi acima referido, em relação a muitos vícios procedimentais, o facto do "moyen" não ser de ordem pública tem como consequência a sua irrelevância quando não é expressamente alegado pelos recorrentes. Mas, tal circunstância não altera o pendor geral que referimos.

4. Existem outras razões que reforçam a posição da relevância do vício de forma em sentido amplo no Direito Administrativo francês, e que contribuem para uma ambiência desfavorável à regularização dos actos feridos por aqueles vícios, quer pela Administração, quer

---

[15] Noutro passo da sua obra, Ladenburger estuda com detença, a propósito das decisões vinculadas ("compétence liée"), os casos em que os "moyens" por vício de forma são inoperantes – ob.cit., pág. 168 e segs.. Entre os casos de "compétence liée" contam-se, segundo muitos autores, as situações em que os conceitos indeterminados só permitem chegar a uma única solução – ob.cit., pág. 175 e segs.. A licença de construção é o exemplo mais frequentemente citado de "acte de compétence liée" subtraído ao "controlo normal" do juiz, em que pode ter lugar a averiguação da única decisão admissível apesar dos conceitos legais serem à partida indeterminados.

pelo juiz administrativo: a falta de um recurso gracioso obrigatório prévio ao recurso contencioso, por um lado, e a aplicação rigorosa do princípio de não retroactividade dos actos administrativos e do respeito dos direitos adquiridos que impede a sanação com eficácia retroactiva dos actos ou a substituição dos actos constitutivos de direitos, pelo outro. A preocupação de não se substituir à Administração limita também a liberdade de regularização do juiz no âmbito do recurso por excesso de poder, ao contrário do que acontece no recurso de plena jurisdição[16].

5. Devem, também, mencionar-se, como notas próprias do ordenamento administrativo francês que contribuem para melhor identificar a posição e funcionalidade dos vícios de forma, o modo como se desenvolve o seu procedimento administrativo e o seu reduzido âmbito, e, embora só a partir de 1995, o poder do juiz para dirigir injunções à Administração.

6. No que se reporta ao procedimento administrativo, este desenvolveu-se, inicialmente, a partir do direito disciplinar e sob a égide da jurisprudência do Conselho de Estado, em matéria de direitos de defesa: audição dos interessados e consulta do processo em relação a um conjunto progressivamente alargado de actos desfavoráveis. Sem ter sido objecto de uma codificação de carácter geral, o procedimento foi depois densificado e desenvolvido pelo legislador através da Lei nº 79/87, de 11 de Julho de 1979, que instituiu a obrigatoriedade de motivação para um vasto conjunto de actos limitativos de direitos, e pelo Decreto nº 83-1025, de 28 de Novembro de 1983, respeitante às relações entre a Administração e o público. Devem ainda acrescentar-se, pela sua importância para a generalização e aperfeiçoamento dos inquéritos públicos, a Lei nº 83-630, de 12 de Julho de 1983, e os diplomas em matéria de ambiente, designadamente, o diploma sobre os estudos de impacto ambiental – Decreto nº 77-1141, de 12 de Outubro de 1977. O princípio do contraditório, e a motivação dos actos desfavorá-

---

[16] Veja-se a indicação e análise destas razões, em Jean-Marie Woehrling, "Il Giudice Amministrativo E La Regolarizzazione Degli Atti Amministrativi Viziati Da Illegittimità", in "Vizi Formali, Procedimento E Processo", editado por Vera Parisio, Milão, 2004, pág. 26 e segs..

veis constantes da lista indicada na lei e, ainda, a imparcialidade, constituem os valores e as normas correspondentes mais importantes a observar nos procedimentos. Por sua vez, na ausência de uma codificação geral, a regulamentação de procedimentos não se estende a toda a actividade da Administração, encontrando-se, porém, particularmente desenvolvida no contexto da Administração consultiva[17].

7. Apesar da regra de que o vício de forma do acto conduz à anulação deste pelo juiz administrativo, existem situações ou tipos de vícios de forma que, por não influírem no conteúdo da decisão, não envolvem aquela sanção, isto é, são consideradas pelo tribunal como irrelevantes. A este propósito, jurisprudência e doutrina apontam duas situações: a primeira utiliza a distinção entre formalidades substanciais e não substanciais, a segunda, reporta-se à "théorie des moyens inopérants en cas de compétence liée".

8. A violação de uma formalidade constitui, em princípio, um excesso de poder, qualquer que seja a norma que a instituiu[18]. O juiz administrativo considerou, porém, que só a violação das regras substanciais, isto é, das que exercem influência determinante sobre a decisão tomada, leva à anulação do acto.

De um modo geral, mas não absoluto, a separação entre os vícios de procedimento e vícios de forma, em sentido estrito, existentes no acto enquanto "instrumentum", corresponde aquela classificação. O vício de forma do acto é qualificado como formalidade não substancial, salvo quando desrespeita, expressamente, um imperativo legal, caso v.g. da falta de motivação objectiva, e da diminuição das garantias dos administrados, ou quando ofende princípios gerais de boa administração, ou impede o controlo eficaz por parte do tribunal.

Há, todavia, que ponderar que a influência sobre o conteúdo da decisão tomada é apreciada pelo juiz em concreto, segundo critérios de acentuada subjectividade[19].

---

[17] Cf. René Hostiou, "Procédures et Formes De L'Acte Administratif" Unilateral En Droit Français", Paris, 1975, pág. 25 e segs..

[18] Auby e Drago, "Traité Des Recours..." cit., pág. 388.

[19] V. Guy Isaac, "La Procédure Administrative Non Contentieuse", Paris, 1968, pág. 288 e segs., e tb. André Calogeropoulos, "Le Controle De La Legalité Externe Des Actes Administratifs Unilatéraux", Paris, 1983, pág. 187 e segs..

9. A "compétence liée" opõe-se ao poder discricionário e designa a situação em que a autoridade administrativa se encontra, quando não tem qualquer possibilidade de escolha, e deve tomar determinada decisão ou medida[20]. Neste caso, os requerentes não podem invocar qualquer "margem" resultante da ilegalidade da decisão, que, por isso mesmo, se diz inoperante (essa inoperância refere-se, quer à legalidade externa, incompetência e vício de forma, quer ao desvio de poder).

Numa outra perspectiva, pode dizer-se que o requerente não tem qualquer interesse em invocar a nulidade, pois o acto, se anulado, deveria ser renovado, exactamente, nos mesmos termos[21]. Considera-se que o acto, na situação concreta, não prejudica, – "fait grief" –, a situação do requerente. Este não tem, aquilo que nós traduziríamos, por interesse em agir.

No direito francês, como é sabido, o conceito de discricionariedade abrange, tanto os pressupostos normativos ("conditions légales") – ou seja, a previsão da norma -, como a estatuição. A discricionariedade surge como a condição normal do agir administrativo, sendo o poder vinculado uma espécie de excepção. É, na expressão plástica de um Autor, uma "confiscação" da discricionariedade administrativa introduzida pelo legislador ou pelo juiz[22].

O juiz aprecia, empiricamente, a propósito de cada "condition légale", na respectiva instrução, se esta se verificou – controlo normal –, ou apenas se, na subsunção operada pela Administração, se registou algum "erro manifesto de apreciação" – controlo restrito.

Sintetizando a diferença entre controlo normal e controlo restrito – o controlo máximo não nos interessa para o caso que analisamos – escreve Chapus: "Actualmente, a questão é a de saber como é controlada a qualificação jurídica dos factos. Com excepção de casos particulares, essa qualificação é sempre controlada, e todos os erros continuam a ser censurados (controlo normal); ou ela é apenas controlada

---

[20] Chapus, "Droit Administratif Général", T. 1º, 15ª ed., Paris, 2001, pág. 1058.
[21] Na realidade, poderia haver interesse em atrasar o momento em que os efeitos se produzem.
[22] Gaudemet citado por Ladenburger, "Verfahrensfehlerfolgen ..." cit., pág. 173. Veja-se, também, Eisenmann, "Cours de Droit Administratif", T. II, Paris, 1983, pág. 295 e segs.

em certa medida, e somente são censurados os erros manifestos de apreciação (novo controlo restrito)[23].

São considerados, habitualmente, dois tipos de competência vinculada: um primeiro, quando a lei ou a jurisprudência impõe uma decisão precisa no caso concreto, sem que a Administração tenha qualquer outra opção; um segundo, quando as condições legais ou a escolha quanto à decisão a tomar dependem de um juízo de apreciação por parte da Administração, mas, no caso concreto, essa apreciação só pode chegar a uma única decisão, precisamente, aquela que foi tomada pela Administração[24].

A orientação dominante tende a considerar que, só no primeiro tipo de casos, o juiz poderá considerar o vício procedimental cometido como irrelevante. Mas, e é esse um dos pontos em que se desenham hipóteses evolutivas interessantes, a concessão ao juiz, a partir de 1995, de poderes injuntivos, dizendo à Administração quais as consequências concretas da anulação do acto a que procedeu, com indicação precisa dos novos actos a serem praticados em cumprimento de julgado, e a apreciação dos factos pelo tribunal, em controlo normal numa situação complexa – v.g. no caso das condições para a outorga de licença de construção –, vêm abrir possibilidades de redução de discricionariedade a zero similares às praticadas pelo juiz administrativo germânico[25]. A inexistência de acção de condenação ou de injunção, a não ser, quanto a estas últimas, num número muito contado de casos, tem dificultado a liberdade do Conselho de Estado quanto à desvalorização do vício de forma procedimental, quando a interpretação dos conceitos indeterminados permitiria concluir só haver uma única solução legalmente válida, contrastando, assim, com a liberdade com que em determinados domínios o juiz francês passa do controlo restrito para o controlo normal.

---

[23] "Droit Administratif..." cit., T. 1º, 15ª ed.cit., pág. 1065. Veja-se, também, Auby e Drago, "Traité des Recours..." cit., págs. 478-480, distinguindo, porém, quatro graus de controlo.

[24] Jean-Marie Woerling, ob.cit., págs. 31-32.

[25] Vejam-se as considerações de C. Ladenburger, "Verfahrensfehlerfolgen ..." cit., pág. 177 e segs..

10. Os outros casos de irrelevância dos vícios de forma têm menor importância para o nosso tema. Referimo-nos aos casos de formalidades impossíveis e de circunstâncias excepcionais e de especial e justificada urgência que não têm obviamente repercussões sobre a legalidade dos actos. Quanto ao incumprimento da obrigação de fundamentar o acto, este será irrelevante no caso de competência vinculada. A insuficiência de motivação pertence já ao âmbito da violação da lei, pelo que não temos que dela nos ocupar aqui. Mas, a própria falta de fundamentação, sendo um vício de forma do acto, é atraída pela disciplina da regularização da motivação errada ou insuficiente e dos poderes de substituição quanto à motivação dos actos, que são reconhecidos ao juiz no direito francês[26].

III – Os Vícios Procedimentais No Direito Alemão

11. O artigo 20º, 3 da "Grundgesetz" consagra a vinculação do legislador ordinário à ordem constitucional e a subordinação da Administração e da Jurisdição à Lei e ao Direito. O § 4 do artigo 19º da mesma Lei Fundamental garante a tutela jurisdicional a quem seja ofendido nos seus direitos. Com fundamento nesta base constitucional, a "Verwaltungsgerichtsordnung", abreviadamente VwGO, veio regular alguns aspectos da organização judiciária administrativa e o processo nos tribunais administrativos.

Para a matéria que analisamos é ainda necessário tomar em conta a disciplina ao nível federal do procedimento administrativo quanto ao acto administrativo e aos seus vícios constante da "Verwaltungsverfahrengesetz" de 1976, abreviadamente a VwVfG[27]. A relevância das medidas resultantes dos vícios do acto administrativo, só é claramente apreendida pelo exame conjugado da regulamentação procedimental e das disposições processuais sobre os poderes de

---

[26] Veja-se quanto à fundamentação, Chapus, "Droit Administratif Général", T.1 cit., pág. 1128 e segs. e quanto à ilegalidade dos motivos e sua regularização, Auby e Drago, "Traité des Recours..." cit., pág. 490 e segs..

[27] As outras duas codificações do procedimento administrativo também ao nível federal são a "Abgabeordnung" no domínio fiscal, e o "Sozialgesetzbuch" (Livro X) em matéria de segurança social.

cognição do juiz e o modo como valora e decide as questões que lhe são postas[28].

12. Em correspondência com o artigo 19.4 da Lei Fundamental de Bona, o § 113, 1 da VwGO, dispõe que uma acção de impugnação de um acto administrativo só poderá conduzir à anulação deste, se a sua ilegalidade ofender os direitos do autor. A ilegalidade objectiva, sem ser acompanhada de violação de um direito subjectivo, não é, assim, suficiente. Por isso, o § 42,2 da VwGO, a propósito das acções de impugnação e das de condenação a partir de um acto devido ("Verpflichtungsklage"), diz que, "salvo se outra coisa for determinada por lei, a acção só é admissível quando o autor pretenda ("gelten macht") ter sido ofendido nos seus direitos pelo acto administrativo, ou pela sua denegação ou omissão".

Compreende-se que o sistema de justiça administrativa, orientado para a protecção dos direitos subjectivos dos particulares, desvalorize os vícios procedimentais. É que estes, devido à multifuncionalidade própria do procedimento administrativo, em muitos casos não se propõem proteger os interesses ou direitos dos particulares, mas tão somente a correcção e a eficácia da actividade administrativa. É o modo como se exerce o controlo dos tribunais sobre a Administração na Alemanha, circunscrito às violações de legalidade que envolvam também, no caso concreto, uma ofensa de um ou mais direitos subjectivos públicos dos particulares, que empresta à fiscalização de vícios procedimentais pelo juiz alemão uma particular fisionomia. Este aspecto é ainda particularmente reforçado pela existência de uma acção de condenação à prática de um acto administrativo devido. Os tribunais alemães, como refere Hufen, não se regem pelo "princípio cassatório"[29].

13. O artigo 42, 2 da VwGO exige, como pressuposto processual indispensável para que o tribunal possa conhecer do fundo da questão, a ofensa de um direito do autor, não se contentando com um

---

[28] Cf. as considerações de F. Hufen no início do capítulo que dedica aos efeitos dos vícios procedimentais in "Fehler im Verwaltungsverfahren", 4ª ed., Baden-Baden, 2002, pág. 307 e segs.

[29] "Fehler..." cit., pág. 307.

simples interesse. Não se admite, assim, que o " quivis ex populo", defensor do interesse geral ou de legalidade objectiva, tenha legitimidade ("Klagebefugnis") para propor a acção de impugnação contra actos administrativos ou a acção de condenação à prática do acto devido[30]. Nas acções declarativas, a exigência da ofensa de um direito é discutível, pois a lei fala apenas, no artigo 43,1 da VwGO, de um interesse legítimo, "ein berechtigtes Interesse". É possível que a selecção varie consoante o tipo de acção declarativa de que se trate. Parece, no entanto, mais apropriado pensar a acção declarativa como uma "Interessenklage", embora excluindo a acção popular[31].

Para admitir a existência da legitimidade processual ("Klagebefugnis") não é suficiente a afirmação da existência de ofensa de um direito, mas, de acordo com a "teoria da possibilidade", requer-se ainda, embora negativamente, que, havendo uma violação jurídica, seja claro e inequívoco que, em qualquer perspectiva jurídica adoptada, não seja possível que o direito afirmado pelo Autor não lhe possa pertencer ou vir a pertencer[32].

14. Compreende-se a importância que assume o conceito de direito subjectivo público, verdadeira pedra angular da acção processual administrativa germânica. O seu objectivo principal é o de evitar a ocorrência de acções públicas e de acções populares.

O direito subjectivo existe, de acordo com a chamada teoria da combinação ("Kombinationstheorie"), quando uma norma protege um interesse de um sujeito de direito e este pode, em defesa desse interesse, exercer um poder jurídico ou um poder de vontade autorizado pelo ordenamento[33].

---

[30] A "Klagebefugnis" distingue-se e autonomiza-se da "Prozessfuehrungsbefugnis" regulada na lei processual civil – e também aplicável no processo administrativo – porque esta última diz respeito à capacidade de agir em processo em defesa dos direitos, a qual se presume em princípio, a menos que o autor pretenda fazer valer direitos alheios, ou seja contitular de direitos que só possam ser feitos valer pelo conjunto dos seus titulares – cf. as observações de Wahl/Schuetz, no seu comentário ao art° 42,2 in Schoch/Schmidt-Assmann, Pietzer, "Verwaltungsgerichtsordnung – Kommentar", §. 13-21.

[31] Cf. autores e obra anteriormente citados, págs. 13-21.

[32] Schenke, "Verwaltungsprozessrecht", 9ª ed., Heidelberga, 2004, págs. 153-4.

[33] Continua a merecer ser lido o artigo de Otto Bachof, "Reflexwirkungen und subjektive Rechte im oeffentlichen Recht", publicado in "Forschungen und Berichte aus dem Oeffentlichen Recht", Gedaechtnisschrift, de Walter Jellinek, 2ª ed., Munique, 1955, pág. 287 e segs..

A subjectivação das normas de Direito Público a favor de um particular, reconhecendo-lhe um direito subjectivo público, é apurada através da chamada "teoria da norma de protecção" ("Schutznormtheorie"). Na formulação conhecida de Schmidt-Assmann[34], a chamada teoria da norma de protecção constitui uma designação genérica para um cânone aberto de métodos e regras de averiguação do conteúdo subjectivo de uma norma jurídica, que tem em consideração o seu carácter normativo e a convicção de que se trata de uma actividade hermenêutica, que não pode ser substituída pela procura da existência de prejuízos fácticos. O fim tido em vista pela norma não resulta apenas da chamada vontade histórica do legislador, mas do seu sentido actual, obtido também, tendo em atenção o conjunto em que se encontra inserida, e em que os chamados efeitos internos dos direitos fundamentais podem assumir um papel decisivo.

Tendo-se apurado que a norma consagra um dever da Administração de satisfazer ou agir em prol de um interesse relativo a um círculo individualizado de pessoas, existe a situação subjectiva favorável ao particular, que o artigo 19.4 da "Grundgesetz" pressupõe para lhe garantir a protecção jurisdicional[35]. Do normativo constitucional como um todo resulta, claramente, a intenção de reconhecer um direito subjectivo, quando a interpretação jurídica da norma permite verificar a existência de situações nas condições atrás referidas.

A identificação de situações subjectivas substantivas como direitos, por contraposição a meros interesses reflexamente protegidos, contudo, nem sempre é fácil, designadamente no direito do urbanismo, na protecção das situações de concorrência e nas ajudas e subvenções públicas e, ainda, quando se pretende exigir uma conduta positiva da Administração. É nestes domínios de vanguarda que se experimentam e apuram formulações mais adequadas e precisas.

---

[34] Maunz-Duerig Grundgesetz Kommentar, art. 19, 4, § 116 e segs. (pág. 64 e segs.).

[35] A "teoria da norma de protecção" é, sobretudo, útil para a interpretação das normas de direito ordinário. Contudo, veja-se a apreciação crítica da posição de Buehler e de Otto Bachof nas páginas escritas a propósito da determinação do conteúdo dos direitos fundamentais, no Tratado dirigido por Klaus Stein, "Das Staatsrecht der Bundesrepublik Deutschland", vol. III, 1, Munique, 1988, pág. 533 e segs..

15. A exposição sumária precedente permite facilmente compreender a razão por que a problemática da violação dos direitos subjectivos por actos viciados por erros procedimentais constitui uma matéria difícil. A conexão da ilegalidade com o direito subjectivo do autor ("Rechtswidrigkeitszusammenhang"), exigidas pelo modelo de tutela subjectiva imposto pelos artigos 42°, 2 e 113°, 1 e 5 da VwGO, requer que, também aqui, se verifiquem as condições de "teoria da norma de protecção". As normas que prescrevem requisitos procedimentais, também elas, têm que reportar-se à situação material do autor, ao seu direito subjectivo. Requer-se, assim, que exista uma relação funcional abstracta entre a norma procedimental e a posição material do autor que, depois, há-de vir a verificar-se – assim o pede o pressuposto processual da "Klagebefugnis" do artigo 42, 2 da VwGO –, numa actuação concreta e específica entre a violação da norma procedimental e a posição material do autor.

16. É o que acontece, no plano da relação funcional em abstracto, com a audiência e a participação no procedimento do ofendido, quando aquela representa uma possibilidade de defesa antecipada da sua posição, como o reconhece o Tribunal Constitucional na célebre decisão **Muelhein-Kaerlich**. E acontece, no mesmo plano abstracto, também, com a exigência de fundamentações que permita apreciar as possibilidades de uma acção e a sua preparação. Verifica-se, igualmente, com as normas sobre suspeições e impedimentos que evitem conflitos de interesses e influências e parcialidades a favor de outros interessados. E regista-se, ainda, em determinadas circunstâncias que diminuam os direitos de participação, no erro no tipo de procedimento escolhido, ou ainda, na não participação de funcionários, ou na não consulta a entidades que possam, em consequência dessa omissão, diminuir, em termos significativos, as possibilidades de defesa dos direitos do autor. Pode, em resumo, dizer-se que a individualização do interesse protegido pelo programa da norma considerada, e a afectação da sua defesa em juízo pelo particular, constituem os critérios decisivos de relevância do vício formal.

17. Num segundo momento, é necessário ver se se verifica essa conexão entre o erro e o interesse do particular que a norma visa proteger[36]. Neste ponto, é necessário ter em consideração as disposições sobre as nulidades do acto administrativo previstas na VwVfG, especialmente no artigo 46° sobre consequências dos vícios procedimentais e de forma.

O artigo 44°, 1 da VwVfG considera nulos os actos administrativos eivados de um vício particularmente grave, quando este vício "resulta evidente através de uma valoração razoável de todas as circunstâncias que devem ser tidas em consideração – "Evidenztheorie". O n° 2 do mesmo artigo enumera os casos em que o acto é nulo, mesmo não existindo as condições indicadas no número anterior. O n° 3, por seu turno, precisa que um acto administrativo não é nulo, só pelo facto de: não terem sido respeitados os preceitos sobre competência territorial, com excepção dos previstos no anterior n° 2, 3; de ter participado uma pessoa impedida nos termos do artigo 20°, 1, alínea 1, números 2 a 6; de uma comissão, que devia colaborar nos termos ordenados por uma norma jurídica, não ter adoptado a deliberação solicitada para a prática de um acto administrativo ou não ter estado em condições de deliberar; e ainda, de ter faltado a colaboração de uma outra autoridade administrativa, necessária por imposição de uma norma jurídica.

Nestes casos ultimamente citados, a nulidade absoluta não se verifica, mesmo nas situações particularmente graves e evidentes, mas sim a anulabilidade, aplicando-se, consequentemente, os artigos 45° e 46° da mesma VwVfG.

O artigo 45°, sob a epígrafe "sanação dos vícios procedimentais e de forma" estatui que:

> "Uma violação das prescrições relativa ao procedimento e à forma, que não torne o acto nulo segundo o artigo 44°, é irrelevante, quando:
>
> "1. A instância necessária para que o acto administrativo seja praticado seja apresentada posteriormente";

---

[36] Hermann Hill, "Das fehlerhafte Verfahren und seine Folgen im Verwaltungsrecht", Heidelberga, 1986, pág. 406 e segs.
Hufen, "Fehler..." cit., pág. 330.

"2. A fundamentação necessária seja apresentada posteriormente";

"3. A audição necessária de um interessado se verificar posteriormente";

"4. A deliberação de uma comissão que seja necessária para a produção de um acto administrativo ocorra posteriormente."

Os actos previstos no n° 1 do artigo 44 podem ser praticados (recuperados) até à conclusão da fase de instrução no processo judicial – artigo 44°, 2. Consequentemente, os artigos 87, 94 e 114 daVwGO regulam essa possibilidade de recuperação.

Por último, o artigo 46 da VwVfG prescreve, na sua versão actual:

"Efeitos dos vícios procedimentais ou de forma"

"A anulação de um acto administrativo, que não seja nulo nos termos do artigo 44°, não pode ser pedida pela única razão que tenha sido elaborado violando os preceitos sobre o procedimento, a forma ou a competência territorial, quando seja evidente ("offensichtlich") que a violação não tenha influído sobre o conteúdo da decisão".

Na redacção originária, anterior a 1996, o mesmo artigo 46° dizia, na parte final "... quando nenhuma outra decisão poderia ser tomada no caso concreto"[37]. O artigo 46° da VwVfG, quer na sua formulação originária, quer na actual, tem dado azo a acesas disputas doutrinais e a interpretações judiciais divergentes. A modificação legislativa introduzida destinou-se, aliás, a dar cobertura às orientações jurisprudenciais que estenderam a aplicação do preceito à ausência de alternativa "de facto", e não "de direito", de modo a abranger a chamada redução a zero do poder discricionário e a própria interpretação dos conceitos indeterminados.

Ultrapassaria os objectivos que nos propusemos neste trabalho analisar a larga controvérsia havida na doutrina alemã sobre a constitucionalidade do § 46 da VwVfG[38] – que é hoje geralmente

---

[37] V. Kopp/Ramsauer, "Verwaltungsverfahrengesetz", 8ª ed., Munique, 2003, pág. 768 e segs.

[38] Veja-se o comentário de Stelkens, Bonk e Sachs, "Verwaltungsverfahrengesetz-Kommentar", 6ª ed., Munique, 2001, pág. 1603-4. Os comentários feitos nesta obra aos § 45 e 46 constituem um bom sumário desta problemática e foram, em geral, seguidos no texto.

reconhecida – bem como sobre o grau de discricionariedade do legislador ordinário no estabelecimento da sanção ("Sanktionierungsspielraum") por vícios procedimentais[39]. Tão pouco nos iremos debruçar sobre a protecção dos direitos fundamentais face aos vícios procedimentais, nem sobre o carácter de direito fundamental de certos direitos formais de participação procedimental, ou sobre as eventuais colisões de direitos fundamentais[40].

Limitar-nos-emos a referir que, tal como em França, muitos autores distinguem entre vícios essenciais e não essenciais, pertencendo a esta segunda categoria, designadamente os vícios decorrentes da violação de normas regulamentares administrativas. Neste caso, algumas vezes, é negada a própria ilegalidade objectiva do procedimento e do acto formal. O carácter decisivo, na maioria dos casos, parece, porém, reconduzir-se às causalidades abstracta e concreta para o resultado final, não se diferenciando assim da própria interpretação do § 46 da VwVfG.

O § 46 da VwVfG deve ser visto como um pressuposto negativo da pretensão material da anulação de quem foi ofendido nos seus direitos. Como tal, a regra da irrelevância do vício não interfere na ilegalidade objectiva do acto, nem tão pouco nas possibilidades de autocontrolo, designadamente na revogação por parte da Administração activa. Tão pouco impede – uma vez que pressupõe que tenha sido praticado o acto administrativo – uma acção declarativa destinada a apreciar a ilegalidade do acto por vício de forma. Já, porém, é definitivamente de rejeitar que o artigo 46º possa ser aplicado no caso de uma acção de condenação à prática de um acto administrativo recusado por vícios procedimentais.

18. A terminar esta necessariamente muito resumida referência à instrumentalidade das formalidades no procedimento administrativo alemão, interessa-nos sublinhar dois aspectos. Primeiro, que a aplicação do § 46 da VwVfG exige aos juízes alemães que examinem se o procedimento lhes permite um conhecimento da situação de facto suficientemente completo, pois, de contrário, não lhes é possível

---

[39] Cf. Hiel, "Verfahren..." cit., pág. 332 e segs.
[40] C. Landenburger, ob.cit., pág. 238 e segs.

avaliar da influência do erro no acto administrativo final[41]. Em segundo lugar[42], é necessário que o tribunal proceda a uma avaliação hipotética de um comportamento da Administração que se desenvolva isenta dos vícios de procedimento em apreciação, e que conduza, sem qualquer dúvida, ao mesmo resultado. Trata-se de uma reconstrução hipotética "ex post", condicionada pela necessidade de se chegar ou não ao resultado historicamente verificado, ao acto administrativo efectivamente praticado. O princípio da instrumentalidade da forma não abrange, assim, apenas o caso em que o fim é atingido por força do imperativo legal – acto vinculado – mas, também, quando o "resultado" é alcançado através do acto administrativo discricionário.

19. A irrelevância dos vícios procedimentais na acção de impugnação e a consequente desvalorização do procedimento administrativo tem pontos de contacto importantes com a acção de condenação à prática do acto administrativo devido, previsto no § 42, 1 e § 113, 5 da VwGO. No caso de o autor ter direito a que a Administração pratique um acto administrativo vinculado, é indiferente se a razão da recusa assentou num erro de direito material, ou num vício procedimental, ou, ainda, sobre a competência. Apenas interessa a satisfação da pretensão do autor a um acto administrativo válido. Nesse sentido, todos os vícios de forma praticados no procedimento que eventualmente tenha existido, antecedendo a recusa do acto ou a omissão do mesmo, são irrelevantes, como irrelevante é a própria inexistência do procedimento administrativo[43].

Menos clara, é a solução quanto à relevância de vícios procedimentais numa acção de condenação em que o acto formal dependa, em alguma medida, de apreciações / decisões discricionárias da autoridade administrativa – a chamada "Bescheidungsklage", prevista no § 113, 5, "in fine". Nesse caso, as opiniões dividem-se. Há quem sustente que o tribunal deve indagar se a autoridade administrativa cometeu algum erro material no exercício do poder discricionário; se não foi esse o caso, a pretensão material do autor ao exercício de um poder discricionário isento de erros já foi satisfeita com a primeira

---

[41] Aplicar-se-á nesse caso, o nº 3 do artigo 113 da VwGO.
[42] Veja-se, designadamente, Stelkens, Bonk, Sachs, ob.cit., pág. 1620 e segs.
[43] Veja-se Gerhardt, Schoch, Schmidt-Assmann, Pietzner, VwGO, cit., artigo 113, § 67.

decisão. Os erros procedimentais não têm qualquer relevância. A segunda posição averigua se a correcção dos vícios procedimentais cometidos poderia ter conduzido a outros resultados no exercício do poder discricionário. Daqui decorre que o tribunal deve interrogar-se sobre se um vício procedimental, mesmo depois da clarificação de todos os quesitos de direito material suscitados no processo, não tem relevância para a competência do juiz em poder julgar que a matéria se encontra amadurecida para uma decisão ("Spruchreif"), para um renovado exercício futuro do poder discricionário. O tribunal terá assim, em consequência, para considerar essa conexão com a sua competência para decidir a questão, que apreciar a existência de erro[44]. Quando é possível a redução a zero da discricionariedade, por não haver qualquer outra alternativa formal no caso concreto, os vícios procedimentais são sempre irrelevantes.

Vemos, assim, que, quer no caso da acção de impugnação do acto administrativo, no âmbito da verificação do pressuposto respectivo do § 46 da VwVfG, quer na "Verpflichtungsklage", quer ainda no domínio das decisões provisórias destinadas a renovar os poderes de instrução de autoridades administrativas previstas no § 113, 3 da VwGO, as competências instrutórias e decisórias do tribunal administrativo alemão na reconstrução do procedimento hipotético que deveria conduzir a um acto válido, são muito extensas e similares.

IV – A Problemática da Instrumentalidade das Formas no Direito Italiano

20. Em Itália, para além do estudo seminal de Romano Tassone sobre a irregularidade dos actos administrativos[45], as tentativas em curso para modificar e integrar a Lei nº 241, de 7 de Agosto de 1990, reacenderam o interesse dos administrativistas pela questão da chamada instrumentalidade das formas[46]. Também aí as exigências e

---

[44] Cf. Ladenburger, ob.cit., pág. 378 e segs. Sobre a "Verpflichtungsklage" em geral, Schenke, "Verwaltungsprozessrecht" cit., pág. 83 e segs. e pág. 286 e segs.

[45] Romano Tassone, "Contributo Sul Tema Dell'Irregolarità Degli Atti Amministrativi", Turim, 1993.

[46] Vejam-se, designadamente, F.Luciani, "Il Vizio Formale Nella Teoria Dell'Invalidità Amministrativa", Turim, 2003 e D.U.Galetta, "Violazione Di Norme Sul Procedimento Amministrativo E Annulabilità Del Provvedimento", Milão, 1903.

eficácia se contrapõem ao princípio da legalidade, pelo menos, entendida na sua expressão mais rigorosa.

O carácter lacunar da disciplina normativa transalpina em matéria de consequências de vícios procedimentais, facilita a existência de diversas correntes jurisprudenciais em matéria de vícios procedimentais. Delas, destacamos duas principais.

Nos termos da primeira, há que atender ao fim da norma válida. Se o fim prosseguido pela norma é atingido, apesar de se ter registado uma violação das regras procedimentais, não se verifica qualquer consequência, e o acto final é válido. Se, pelo contrário, a ocorrência do vício conduzir à frustração da finalidade normativa prosseguida, o vício causa a anulabilidade do acto administrativo[47]. É a afirmação da instrumentalidade das formas como princípio dominante. O que conta são os fins substanciais prosseguidos.

Na segunda orientação, lembrando a formulação inicial do § 46 da VwVfG, nega-se a operacionalidade viciante das violações procedimentais quando o acto administrativo praticado e objecto de impugnação não podia ser diferente, ainda que o desrespeito aos preceitos sobre a norma não tivesse ocorrido[48].

Na primeira corrente, a apreciação sobre a "ratio" da norma é feita em abstracto e "ex ante"; na segunda, realiza-se "ex post" e em concreto, procurando fazer certos juízos hipotéticos.

21. Procedendo a uma extrema síntese, pode dizer-se que na doutrina, de algum modo espelhando a jurisprudência e, também, por sua vez, tendo repercussões sobre ela, distinguem-se duas posições principais: uma, representada, entre outros, por Romano Tassone, Gaetano Scoca[49] e Diana-Urania Galetta[50], por razões ligadas à função do procedimento, ao relevo e dimensão constitucionais dos princípios da legalidade e da separação de poderes, ou ainda às restrições do

---

[47] Vejam-se as considerações de Romano Tassone, ob.cit., sobre a realização da finalidade normativa, ob.cit., pág. 59 e segs.

[48] Orientação afastada por Romano Tassone, com fundamento na polifuncionalidade do procedimento administrativo, designadamente da sua função legitimadora, ob. cit., pág. 81 e segs.

[49] "I Vizi Formali Nel Sistema Delle Invalidità dei Provvedimenti Amministrativi", in "Vizi Formali, Procedimento E Processo Amministrativo" cit., pág. 57 e segs.

[50] Ob.cit., pág. 209 e segs.

acesso directo ao facto por parte dos tribunais administrativos, dá prevalência à primeira corrente, embora mitigada pela flexibilidade na interpretação das normas, e pela possibilidade, sobretudo "de jure constituendo", de sanar "ex post" o acto anulável por vício de forma, já no decurso do processo contencioso. A outra postura, de que é exemplo Fabrizio Luciano, tende a construir uma nova noção de vício formal do acto administrativo, consistente em violações da lei que não tenham, em concreto, impedido que o acto obtenha os resultados esperados, decorrentes da finalidade da norma. O vício formal será assim uma irregularidade forte, que se contrapõe à irregularidade fraca que nem sequer obriga ao juízo sobre a validade ou invalidade do acto[51].

V – Algumas Considerações sobre a Relevância dos Vícios Procedimentais no Direito Português Actual

22. A análise comparatista a que procedemos sugere-nos algumas pistas interessantes na investigação do tema no Direito português, e que demos melhor conta das nossas similitudes e diferenças com os ordenamentos que consideramos[52].

Do cotejo entre o recurso por excesso de poder e o sistema de justiça administrativa germânico ressalta, desde logo, a importância para o nosso tema da natureza objectiva ou subjectiva do contencioso administrativo.

No nosso Direito, importa dizê-lo claramente, a decisão da Constituição de 1976 foi, inequivocamente, no sentido de uma justiça

---

[51] Ob. cit., pág. 300 e segs.

[52] Na doutrina portuguesa, os dois estudos mais importantes sobre o vício de forma são o de Barbosa de Melo, "O Vício de Forma no Acto Administrativo (Algumas Considerações)", Coimbra, 1961, e o de Pedro Machete, "A Audiência dos Interessados no Procedimento Administrativo", Lisboa, 1995, embora consagrem ao procedimento e às formalidades relevantes desenvolvimentos, não se debruçam sobre a problemática da acção de condenação à prática de acto devido, só consagrado como figura geral no novo Código do Processo nos Tribunais Administrativos. Sérvulo Correia chama, porém, a atenção para a relativização da violação das normas procedimentais no direito alemão devido ao facto da causa do pedir ser sempre um direito subjectivo ofendido e não apenas uma norma administrativa, o que, em seu entender, não aconteceria no direito português, "Direito de Contencioso Administrativo", I, Lisboa, 2005, pág. 741 e segs e nota 463.

administrativa de carácter subjectivo. É verdade que, mesmo ao nível constitucional, admitiu-se a acção popular para defesa de certos interesses a que a Lei Fundamental dê particular relevo: – saúde pública, direitos dos consumidores, qualidade de vida, preservação do ambiente e do património cultural, artigo 52º, 3, a), bem como a defesa dos bens do Estado, das regiões autónomas e das autarquias locais, artigo 52º, 3, b). Mas, o princípio fundamental, é o do direito subjectivo de acção contra os actos da Administração Pública, integrado no direito à tutela judicial efectiva, como direito fundamental dos cidadãos, nos termos do artigo 20º, 1) e do artigo 268º, 4 da Constituição, extensivo a todos os administrados. A defesa dos direitos e interesses legalmente protegidos dos cidadãos face à Administração Pública constitui o objectivo fundamental dos tribunais administrativos e fiscais, como resulta claramente dos artigos 202º, 2, 212º, 3 e 268º, 4. Na CRP, tal não significa, como vimos, que não haja, por parte da Constituição, o reconhecimento da acção popular para a defesa de conjuntos de interesses taxativamente enumerados, nem tão pouco, que seja proibido ao legislador ordinário instituir outros casos de utilização da acção popular ou de acção pública. Mas a acção popular, fora dos casos especialmente previstos na Constituição, e a acção pública não têm consagrações genérica ao nível constitucional – veja-se, por exemplo, o que diz, ou melhor não diz, o artigo 219º, 1 quanto ao Ministério Público.

Esta superioridade do direito fundamental à tutela jurisdicional efectiva sobre a acção popular e a acção pública, resultante da sua consagração constitucional, não foi, durante muito tempo, traduzida na legislação ordinária, que se manteve fiel à tradição histórica nacional, reforçada, sobretudo, no período do Estado Novo. Só recentemente é que o Estatuto dos Tribunais Administrativos e Fiscais e o Código do Processo nos Tribunais Administrativos, ambos assentes no princípio estruturante do direito à tutela jurisdicional efectiva, vieram dar passos na direcção certa. É que, é necessário e conforme à Constituição e à consagração de um Direito Processual Administrativo paritário, tal como decorre do princípio fundamental atrás referido, que seja dada primazia às acções dos cidadãos em defesa dos seus direitos e interesses e, consequentemente, se reconduza a acção pública ao seu verdadeiro lugar, o de controlo jurisdicionalizado da

Administração, enquanto forma alternativa aos seus procedimentos de autocontrolo.

Essa realização, só muito tardiamente iniciada pelos diplomas citados – e com retrocessos, como no caso do pressuposto processual da legitimidade nas acções administrativas especiais de impugnação –, implica, necessariamente, consequências legislativas e também no próprio modo de interpretar as normas e institutos jurídicos.

23. A primeira grande inovação institucional, é a acção de condenação à prática de actos legalmente devidos, referida no artigo 2º, 2, i), e regulada nos artigos 66º e seguintes, todos do CPTA. Ela constitui uma verdadeira cunha na carcassa do velho sistema. A sua capacidade de modernização há-de contribuir decisivamente para a renovação da nossa justiça administrativa.

Moldada seguindo a inspiração directa da "Verpflichtungsklage" alemã, requer, como aquela, um directo acesso aos factos sem a intermediação do acto administrativo e a reconstrução hipotética do caminho que a Administração deveria ter seguido para satisfazer a pretensão material do autor.

Nas acções em que os particulares fazem valer os seus direitos subjectivos ou interesses legalmente protegidos à prática de um acto administrativo, se este é vinculado, ou no caso de redução a zero da discricionariedade, a irrelevância do vício de forma baseado no eventual procedimento que tenha precedido a prática do acto, ou a omissão agora objecto de acção, é clara e irrefutável.

Nos casos de discricionariedade do acto pretendido, de "Bescheidungsklage", previstos no artigo 71º, 2 do CPTA, a solução afigura-se-nos ser a mesma que referimos ter sido adoptada pelo Direito alemão. Existe relevância do vício procedimental, apenas e quando este influenciar a capacidade do tribunal para apreciar o caso concreto e poder enunciar as vinculações que o estado de maturação da "res in judicio deducta" permitir. De contrário, o vício não tem qualquer relevância.

A irrelevância dos vícios procedimentais, nos termos referidos, pode fundamentar-se, processualmente, na falta de interesse em agir, pois que o que se pretende obter é um determinado resultado final, e se este é garantido pela lei, os eventuais erros cometidos no procedimento não oferecem interesse. "Mutatis mutandis", o mesmo poderá dizer-se quanto às vinculações ditadas pelo tribunal que devem ser observadas pela Administração, nos termos do artigo 71°, 2 do CPTA. O procedimento administrativo pode, aliás, nem sequer existir, o que dificultará a acção do tribunal, mas não a impede em absoluto.

Quer num caso, quer no outro, não se põem, em princípio, situações que justifiquem a impugnação autónoma do acto de indeferimento – a chamada "isolierte Anfechtungsklage" –, excluída pelos artigos 66, 2 e 51, 4 do CPTA, embora, quanto a este último preceito, não por forma absolutamente peremptória.

A legitimidade do Ministério Público só se verifica nos estritos termos do artigo 68°, 1, c) do CPTA e reveste, a nosso ver, a natureza de um processo de controlo, como já tivemos ocasião de escrever numa outra ocasião[53]. Nesse âmbito poderá igualmente justificar-se uma acção pública de impugnação isolada, que, segundo pensamos, não está abrangida pela proibição do artigo 66°, 2 do CPTA.

A revogação por vício de forma, nos termos do artigo 141°, 1 do Código do Procedimento Administrativo (CPA), essa é, naturalmente, sempre possível.

24. Voltemos agora a nossa atenção para as acções administrativas especiais de impugnação. Comecemos por fazer uma pesquisa, necessariamente breve e incompleta, sobre a jurisprudência nacional mais recente.

Verifica-se, em primeiro lugar, que a esmagadora maioria dos Acórdãos do Supremo Tribunal Administrativo, em matéria de relevância dos vícios procedimentais, são proferidos a propósito da não realização da audiência dos interessados. Neste domínio, encontra-se jurisprudência recorrendo à tradicional e clássica distinção entre formalidades essenciais e não essenciais – veja-se o Acórdão do Pleno de 17.12.97, que, por a decisão ser a única possível, degradou a formalidade essencial da audiência dos interessados em não essencial, impondo como consequência o aproveitamento do acto, e, no mesmo sentido, ver o Acórdão da 3ª Subsecção do STA, de 31.10.01, Pro-

---

[53] "A Condenação à Prática De Acto Devido", in "Cadernos de Justiça Administrativa", n° 50, 2005, pág. 7 e segs.

cesso 37594 de 02.02.05, Proc. 407/02[54]. Contudo, para justificar o aproveitamento do acto apesar do vício cometido, a maioria dos arestos fundamenta a não atribuição do efeito invalidante, no facto de se poder concluir", através de um juízo de prognose póstuma (sic), que a decisão foi acertada e a única possível na solução do caso concreto, em obediência ao princípio do aproveitamento do acto administrativo[55].

Menos frequente é encontrar arestos, que apresentem como fundamento do efeito invalidante da falta de audiência dos interessados, a possibilidade da realização daquela "influir no sentido final da decisão"[56]. O excelente Acórdão do Pleno da Secção de Contencioso de 2.6.2004, P. 1591/03, que confirma o decidido no Acordo da Subsecção de 25.11.2003, explica, claramente, que enquanto se puderem fazer reapreciações de "thema decidendum" através da realização de nova audiência, não se pode considerar realizado o fim legal prosseguido pelos normativos que prevêem a participação dos interessados. Nos dois Acórdãos, conclui-se, assim, que enquanto existe a possibilidade de os interessados, através da audiência prévia, influírem na determinação do sentido da decisão final, não haverá que retirar efeitos invalidantes ao vício da preterição da referida formalidade.

Vemos, por conseguinte, que a jurisprudência portuguesa, tal como as suas congéneres francesa, alemã e italiana, também se preocupa com a problemática da instrumentalidade das formas e a realização da finalidade de normas que prevêem as formalidades, lançando mão das mesmas técnicas: distinção entre formalidades essenciais e não essenciais; irrelevância do vício procedimental nos casos de actos

---

[54] Esta jurisprudência utiliza, ao mesmo tempo, como fundamento das suas decisões a degradação da formalidade essencial em não essencial, a circunstância da decisão final não poder deixar de ser tomada e o princípio do aproveitamento do acto administrativo.

[55] Acórdãos do Pleno do STA de 21.05.98, Rec. 40.692; de 9.2.99, Rec. 39.379; de 27.9.2000, Rec. 41.191; de 1.2.2001, Rec. 46.825; de 8.2.2001, Rec. 46.660 e Ac. das diversas Subsecções do STA, de 17.1.2002, Rec. 17.1.2002; de 28.1.2003, Proc. 838/02; de 14.5.2002, P. 47.825; de 28.5.2002, P. 48.378; de 16.10.2002, P. 48.334; de 20.11.2002, P. 48.417; de 19.2.2003,P. 123/03; de 23.9.2004, P. 160/02; de 14.12.2004, P. 1451/03; de 9.2.2005, P. 1306/04; de 14.4.2005, P. 774/04.

[56] V. Acórdão da 1.ª Subsecção de 28.11.2001, Rec. 46.586 e Acórdão Pleno de 2.6.2004, P. 1591/2003.

vinculados ou de competência "liée", inexistência de qualquer influência entre o não cumprimento da formalidade e a decisão final tomada.

A posição mais frequentemente defendida na jurisprudência do STA fundamenta a posição de aceitar a irrelevância de vícios procedimentais, designadamente a falta de audiência dos interessados prevista no artigo 100º do CPA, na circunstância de a decisão tomada ser a única possível, e no princípio de aproveitamento dos actos administrativos.

Nos arestos não se descortina se, para além dos actos vinculados, a orientação igualmente inclui casos de redução de discricionariedade a zero na situação concreta "sub judice". A relativa imprecisão da distinção entre poderes vinculados e poderes discricionários, leva-nos, contudo, a concluir pela afirmativa, ainda que não reconhecendo a operação, e não lhe dando essa designação – veja-se, v.g., o Ac. da 1ª Subsecção do STA de 7.2.2002, P. 46.661.

A solução a que esta jurisprudência chega é certamente de aplaudir, mas não já a justificação dada, assente no princípio do aproveitamento dos actos jurídicos. Em termos concretos, este princípio que é mais a expressão teleológica da preocupação em evitar que se perca energia jurídica e eficiência quando não há razão para tal, opera no direito substantivo, "salvando" o acto através de ratificação, reforma ou conversão – CPA, art. 137. Não é um princípio processual.

Nos casos "sub judice" agora citados, o acto continua inválido e pode ser objecto de revogação até à resposta da autoridade recorrida – CPA, 141, 1), e também ser anulado por acção pública ou popular, visando o interesse público geral. A explicação dogmática parece, deste modo, dever basear-se em razões processuais e não substantivas.

A orientação preferível afigura-se ser a que nega relevância ao vício procedimental cometido por o mesmo não ter influência, não ser causal, na decisão final a que se chegou. A justificação dogmática preferível reside, em nossa opinião, não no princípio de aproveitamento dos actos jurídicos, mas antes na falta de interesse em agir processualmente. É o que tentaremos demonstrar seguidamente:

25. É importante recordar que o acesso aos factos por parte do tribunal se faz, hoje, directamente, através dos poderes instrutórios do tribunal, sem a intermediação dos actos administrativos, como o indica o artigo 90º, 2 do CPTA. Se a formulação dessa regra seria

dispensável no caso da acção de condenação, ela é extremamente importante nas acções de impugnação. Não só elimina as restrições quanto à admissibilidade da prova testemunhal em certos processos, como acaba com a limitação do tribunal só conhecer os factos através dos actos administrativos impugnados. Evidencia-o a remissão de carácter geral para a lei processual civil feita no citado artigo 90, 2 do CPTA.

O princípio geral a observar em matéria de relevância/irrelevância do procedimento administrativo continua a ser o da existência, ou não, do interesse em agir. Este, embora só raramente seja, expressamente, referido na lei – veja-se, no CPTA, o artigo 39°, a propósito das acções de simples apreciação – constitui um pressuposto processual geral, requerido em todos os processos que visem proteger situações subjectivas[57]. Daí que deva existir, quando o particular exerça o seu direito à tutela jurisdicional para defesa de um direito ou interesse legítimo de que seja titular.

Nos termos do regime geral das medidas previstas no Código de Procedimento Administrativo, os actos administrativos feridos de vícios procedimentais são anuláveis – CPA, artigos 133° e 135°. No entanto, nas acções de impugnação propostas pelos particulares lesados, nos termos do artigo 55°, 1, a) do CPTA, haverá que averiguar se o vício procedimental não é irrelevante, por falta de interesse na impugnação, em termos idênticos aos previstos no § 46 da VwVGO, isto é, por não haver nenhuma relação causal concreta entre o vício e o resultado final, não tendo aquele, assim, influenciado o acto administrativo efectivamente praticado. No que se reporta, por exemplo, à falta de audiência dos interessados, para além das hipóteses previstas no artigo 103° do CPA, haverá todos os outros casos de falta de interesse na impugnação avaliada na situação concreta "sub judice"[58]. A nossa jurisprudência tem, porém, sido demasiado tímida na construção das situações hipotéticas que autorizam a concluir que a falta

---

[57] Cf., entre tantos, Schenke, ob.cit., pág. 187 e segs.

[58] A jurisprudência tem, porém, em muitos casos, seguido uma exasperação formalista, contrária à solução preconizada. Veja-se nesse sentido, por exemplo, o Acórdão do STA (Pleno) de 2.5.2001, Rec. N° 41247. Essa posição conduz a anular muitos actos por falta de audiência dos interessados por mero preito à formalidade exigida pela lei, sem que tenha havido qualquer influência relevante na decisão final a que se tinha chegado.

de audiência dos interessados não teve influência na decisão final. Esperemos que os poderes de reconstrução do iter procedimental a que agora a obriga a acção de condenação à prática de acto devido, ajude o juiz, pelo paralelismo das situações, a corrigir essa atitude injustificadamente formalista.

Quando estivermos perante casos de nulidade absoluta expressamente cominada ou de direitos formais, que revistam a natureza de um direito fundamental, nos termos dos artigos 16º e 18º da Constituição, a solução será a ditada pela norma disciplinadora do caso concreto.

Já, porém, nas acções de controlo movidas pelo Ministério Público, ou nas acções populares, onde a conexão subjectiva não é requerida, mas apenas o interesse público geral de defesa do ordenamento, os vícios procedimentais relevam por os actos, que ofendem as normas sobre as formalidades, serem objectivamente ilegais.

26. Para além da irrelevância dos vícios procedimentais para a anulação contenciosa dos actos, quando falta, nas acções de impugnação dos particulares, interesse na tutela jurisdicional, os vícios procedimentais podem ser sanados nos termos gerais enunciados no artigo 137º do CPA. Seria também desejável, agora "de jure constituendo", que se dessem oportunidades para a sanação do acto já em pleno processo contencioso, em fase posterior à do articulado, e até ao encerramento da discussão da causa. Nesse sentido, a VwGO oferece sugestões úteis que devem ser meditadas.

27. Digamos, a concluir, que após a entrada em vigor do Código do Processo nos Tribunais Administrativos, parece sustentável defender que as normas procedimentais administrativas estão funcionalmente orientadas para a realização das normas materiais protectoras dos interesses dos administrados. É tal facto que explica que o cumprimento dessas normas só é fiscalizável nas acções administrativas especiais, quando se registe haver interesse em agir por parte dos particulares em anular os actos feridos de vícios procedimentais ou formais em sentido estrito. Esse interesse em agir não se verifica nunca nas acções de condenação à prática de acto administrativo devido vinculado. Verificar-se-á, porém, nas condições que vimos,

nos casos de discricionariedade do acto pretendido e também nas acções de impugnação quando o vício do procedimento puder ter tido influência na decisão final. Para que o critério seja efectivamente operante, torna-se, porém, necessário que o tribunal ouse utilizar os seus poderes de construção da situação hipotética em termos similares aos que deve exercer na acção de condenação à prática de acto devido.

As violações das normas procedimentais fundamentarão sempre impugnações contenciosas pelo Ministério Público, quer no caso das acções administrativas especiais de anulação ou de declaração de nulidade dos actos, quer em acções de impugnação isoladas de actos administrativos que neguem pretensões. Trata-se, porém, de uma forma de autocontrolo por via judicial e, não, de um verdadeiro litígio.

O ordenamento jurídico português, apesar da amplitude concedida à acção pública, acompanha, assim, a orientação moderna de restringir a relevância dos vícios de forma e de garantir uma maior eficiência da actividade administrativa. Não vai tão longe, quanto seria desejável, por o processo de autocontrolo por via de acção judicial continuar a ser regulado em termos de confusão com os processos contenciosos verdadeiros e próprios.

RUI CHANCERELLE DE MACHETE

Dezembro de 2005

CONSTITUIÇÃO E AMBIENTE:
Errância e simbolismo*

0. Introdução

O acolhimento do valor *Ambiente* pela ordem jurídica constitucional debuta em Portugal pela mão da Constituição de 1976. Com efeito, se é verdade que na Constituição de 1822 o artigo 223º/V apontava para a necessidade de as Câmaras Municipais procederem ao plantio de árvores nos terrenos sob sua jurisdição, dificilmente se pode entrever em tal dispositivo mais do que um incentivo ao desenvolvimento rural[1]. Do mesmo modo se deve descartar qualquer intenção ecológica no artigo 52º da Constituição de 1933, no qual se apelava à protecção dos "monumentos naturais": a disposição visava a preservação do património cultural[2] e quando muito, tinha subjacente uma perspectiva estética da natureza. O artigo 66º da Constituição de 1976 foi, com efeito, o primeiro *artigo ambiental* no panorama constitucional português.

Aproveite-se, no entanto, para sublinhar a tendencial irrelevância constitucional da consagração da tarefa de conservação e promoção

---

* Este artigo foi escrito para assinalar a passagem de 30 anos sobre a entrada em vigor da Constituição de 1976. A ideia surgiu a propósito de uma breve intervenção que tivemos na mesa redonda do 2º encontro luso-brasileiro de Direito Constitucional (a convite do Sr. Prof. Doutor Jorge Miranda), promovido pelas Associação Portuguesa de Direito Constitucional e Associação Pimenta Bueno, realizada na Faculdade de Direito de Lisboa no dia 27 de Janeiro de 2006, subordinado ao tema *Ambiente e Constituição*. Do desenvolvimento dos tópicos enunciados na exposição oral resultou o texto que ora se publica.

[1] Na opinião de JORGE MIRANDA, a tutela constitucional ambiental teria na Constituição de 1822 esse "curioso" antecedente – **Manual de Direito Constitucional**, IV, 3ª ed., Coimbra, 2000, p. 534.

[2] Cfr. o Acórdão do STA de 15 de Janeiro de 1960, *in Col. Ac. STA*, 1960, pp. 55 segs.

ambiental, de duas perspectivas. Por um lado, há importantes exemplos de Estados que prosseguiram e prosseguem políticas de protecção do ambiente sem terem alçado tal objectivo ao nível constitucional: desde logo, os Estados-Unidos da América, com a aprovação do *National Environmental Policy Act*, em 1969 (mais conhecido por NEPA), suporte da primeira actuação dos poderes públicos concertada em sede ambiental — Estado que não aproveitou nenhum dos vinte e seis aditamentos para incorporar a protecção do ambiente na idosa Constituição de 1787[3]. Mas também a Alemanha, que desde o início da década de 1970 vem desenvolvendo uma consistente política ambiental, só "formalmente" acolhida na lei Fundamental de Bona na revisão constitucional de 1994, da qual nasceu o artigo 20A[4]. Ou ainda, embora menos representativo, o caso do Brasil, que aprovou em 1981 a Lei 6.938, de 31 de Agosto, pioneira na abordagem transversal e integrada das questões ambientais, tendo vindo a reconhecer formalmente a importância da protecção do ambiente no artigo 225 da Constituição de 1988. Estes são exemplos de Estados que prosseguem (ou prosseguiram) políticas de protecção ambiental *apesar* da indiferença dos textos constitucionais.

Por outro lado, o facto de integrar o elenco de objectivos constitucionais, quer a título de valor a proteger comunitariamente, quer no plano das tarefas do Estado, não é determinante da adopção de políticas públicas de conservação e promoção ambientais. Esta situação, tributária não só da natureza de "direito social" que anda associada à temática ambiental – e que o condena a uma existência refém da criação de condições de realização mercê da sua consagração em "normas programáticas", sobretudo ao nível financeiro –, mas também do défice de sensibilização dos poderes públicos e da população para o imperativo de gestão racional dos recursos naturais, reduz o papel

---

[3] A secção 101. c) do NEPA reconhece a todos os cidadãos o direito a desfrutar de um ambiente saudável e incumbe-lhes a responsabilidade de contribuir para a conservação do meio ambiente. Embora tenha havido algumas tentativas de introduzir o direito ao ambiente na Constituição federal, todas se goraram até agora — cfr. M. T. CARBALLEIRA RIVERA, **La tutela ambiental en el derecho norteamericano**, *in RAP*, nº 137, 1995, pp. 511 segs, 516 segs.

[4] Sobre o artigo 20A, H. SCHULZE-FIELITZ, **La protezione dell'ambiente nel diritto costituzionale tedesco**, *in Diritto Ambientale e Costituzione*, a cura di A. Amirante, Milão, 2000, pp. 69 segs, *passim*.

da Constituição a uma simpática declaração de intenções. Portugal é um bom mau exemplo desta asserção: gerado em 1976, o artigo 66º revela a sua faceta objectiva, de forma inequívoca, com a revisão de 1982, que considera a protecção ambiental uma tarefa fundamental do Estado [artigo 9º/d)], mas só em 1987 (mais de dez anos passados sobre a entrada em vigor da Constituição) surge a Lei de Bases do Ambiente (Lei 11/87, de 7 de Abril = LBA), cujo desenvolvimento sistemático só com o virar de década se efectua. A adesão à Comunidade Económica Europeia, em 1987, não lhe é, certamente, alheia, antes pelo contrário.

A "novidade" das preocupações ecológicas em muito contribuiu, decerto, para a "ultrapassagem" do legislador constitucional, apanhado de surpresa por uma causa mobilizadora que só no início da década de 1970 despontou[5]. Por coincidência, a *revolução dos cravos* associou-se formalmente à revolução de mentalidades que suporta a consagração do objectivo de protecção do ambiente, embalada pela recente tomada de posição da comunidade internacional traduzida na Declaração de Estocolmo (1972). Descontada uma certa ingenuidade, importada do Direito Internacional, pode dizer-se que o legislador constituinte até começou bem no traçado do conteúdo do artigo 66º. Porém, foi traído pela "novidade" da matéria e caiu numa tentação revisionista do preceito que o erodiu até ao limite. É esta primeira nota, de errância, que pretendemos desenvolver em **1.**.

Uma segunda nota, o simbolismo, resulta formalmente da contaminação da Constituição por *pleasant sounding formulae* oriundas de textos de Direito Internacional – *maxime* da Declaração de Estocolmo –, mas sobretudo e numa dimensão de concretização material, da estreita conformação do Direito do Ambiente nacional pelas soluções provenientes do Direito Comunitário – **2.**. Por outras palavras, a integração do Estado português na Comunidade Europeia arreda para segundo plano o quadro constitucional, pelo menos do ponto de vista da efectividade do complexo normativo ambiental.

Finalizaremos este texto com um conjunto de sugestões, traduzindo retoques mais ou menos cirúrgicos, com vista à melhoria da inteligibilidade e coerência das normas da *Constituição ambiental* (**3.**).

---

[5] Assim se explica a ausência de "artigos ambientais" na Constituição italiana de 1947, na Lei Fundamental de Bona de 1949 ou na Constituição francesa de 1958.

1. A *errância* detectada na evolução do quadro constitucional ambiental, de 1976 a 1997

O artigo 66°, na sua versão original, tinha quatro números: o n° 1, consagrando o direito de todos os cidadãos a um ambiente sadio e ecologicamente equilibrado, acompanhado do dever de o defender; o n° 2, no qual se estabeleciam as quatro prioridades de acção do Estado e demais poderes, públicos e privados, no âmbito da protecção do ambiente, que incluíam a prevenção da poluição, o ordenamento do território em atenção à harmónica distribuição dos recursos biológicos, a conservação da natureza através da criação e manutenção de parques e reservas naturais, e a gestão racional dos recursos naturais, com respeito pela sua capacidade regenerativa; o n° 3, sede de pedidos indemnizatórios por violação do direito ao ambiente previsto no n° 1; e finalmente, no n° 4, a Constituição enquadrava a protecção ambiental no objectivo mais abrangente da promoção da qualidade de vida[6]. Na altura, esta última referência constituía a única ligação entre o artigo 66° e a alínea c) do artigo 9° (sob a epígrafe, que se mantém, "Tarefas fundamentais do Estado")[7].

Como se sabe, as revisões constitucionais (sete, até hoje), alteraram, por vezes profundamente, o texto da Lei Fundamental. O artigo 66° escapou praticamente incólume à revisão constitucional de 1982, ressalvada a renovação da redacção do n° 3, que passou a distinguir a lesão de bens naturais e a "lesão directa" na esfera pessoal (na lógica da assimilação entre direito ao ambiente e direitos de personalidade), para efeitos de indemnização[8]. Já ao nível do artigo 9°, a

---

[6] Sobre o artigo 66° (embora assentando em premissas diversas das nossas), vejam-se J. J. GOMES CANOTILHO e VITAL MOREIRA, **Constituição da República Portuguesa. Anotada**, 3ª ed., Coimbra, 1993, pp. 346 segs, e JORGE MIRANDA e RUI MEDEIROS, **Constituição da República Portuguesa Anotada**, I, Coimbra, 2005, pp. 680 segs (a anotação é de JORGE MIRANDA).

O debate na especialidade pode consultar-se no Diário da Assembleia Constituinte (=DAC), n° 59, de 8 de Outubro de 1975, a págs. 1791 segs.

[7] Na medida em que o artigo 9°/c) se referia à promoção da qualidade de vida do povo português.

[8] Na primeira versão, lia-se no n° 3 do artigo 66°: "O cidadão ameaçado ou lesado no direito previsto no n° 1 pode pedir, nos termos da lei, a cessação das causas de violação e a respectiva indemnização". Após a revisão constitucional de 1982, o texto passou a ser o

alteração foi significativa, na medida em que lhe foi aditada uma nova alínea [e)], a qual incumbe o Estado de "proteger e valorizar o património cultural do povo português, defender a natureza e o ambiente e preservar os recursos naturais".

Foi em 1989 que o "artigo ambiental" português sofreu a sua primeira reforma significativa: a alínea b) do nº 2 do artigo 66º foi complementada com uma referência ao "equilibrado desenvolvimento sócio-económico" essencial ao correcto ordenamento do território[9] – o que acentua a transversalidade da temática ambiental e a consequente necessidade de integração com, nomeadamente, as opções em sede de ordenamento do território; e os números 3 e 4 desapareceram – este último, em nossa opinião, por inutilidade e redundância; aqueloutro, por rearrumação no artigo 52º/3 da Constituição[10] (anterior artigo 49º/2[11]).

Esta inovação – que se reflecte não apenas ao nível do ambiente, mas relativamente a todo um conjunto de bens colectivos – assume um relevo fundamental na compreensão do modo de tutela, procedimental e jurisdicional, do ambiente, mas denota alguma infelicidade formal da parte do legislador constitucional. Isto porque se, por um lado, o legislador da revisão deu sede constitucional ao direito

---

seguinte: "É conferido a todos o direito de promover, nos termos da lei, a prevenção ou a cessação dos factores de degradação do ambiente, bem como, em caso de lesão directa, o direito à correspondente indemnização".

[9] Esta tentativa fora feita logo em 1976, tendo a deputada Helena Roseta sugerido, sem sucesso, um aditamento sublinhando o entrelaçamento entre ambiente e ordenamento do território no corpo do nº 2 – v. *DAC, cit.*, p. 1796.

[10] Sobre o artigo 52º/3, v. RUI MEDEIROS, **O ambiente na Constituição**, *in RDES*, 1993, pp. 377 segs, 382 segs.

[11] Esta disposição, que surge para dar cobertura à "acção popular correctiva" presente no artigo 822º do Código Administrativo de 1936/40, abre-se em 1989 a interesses que deveriam, porventura, ter sido reconduzidos a instrumentos diversos ou, pelo menos, filiados em sede geral de acesso à justiça como meios de intervenção cívica e não circunscritos a um "direito de participação política" (segundo JORGE MIRANDA, em opinião expressa nas **Ideias para uma revisão constitucional**, *in Constituição e Cidadania*, Coimbra, 2003, pp. 101 segs, as hipóteses de "prevenção, cessação ou perseguição" judiciais de bens de fruição colectiva deveriam abrigar-se no seio do artigo 20º da CRP – p. 116). Sobre este ponto, mais desenvolvidamente, veja-se o nosso **D. Quixote, cidadão do mundo: da** *apoliticidade* **da legitimidade popular para defesa de interesses transindividuais**, Anotação ao Acórdão do STA de 13 de Janeiro de 2005, *in CJA*, nº 54, 2005, pp. 46 segs.

de intervir em processos nos quais está em causa um interesse colectivo e não um típico direito individual – através de um mecanismo de extensão da legitimidade processual como a "acção" popular –, por outro lado, o nº 3 do artigo 52º confunde lesão de interesses colectivos com lesão de interesses individuais, ao aludir à "correspondente indemnização" para os lesados. Tal expressão constitui um retrocesso (no que aqui releva, em sede especificamente ambiental, mas não só) relativamente à fórmula de 1982, que claramente destrinçava entre lesão individual ("lesão directa", individualmente ressarcível) e lesão de bens naturais (dano ecológico, não individualmente ressarcível)[12].

A quarta revisão constitucional voltou a mexer nos artigos 9º e 66º. Na disposição dedicada às tarefas fundamentais do Estado, o legislador decidiu incluir, na alínea d), a par dos direitos económicos, sociais e culturais, uma nova categoria, de *direitos ambientais* [esquecendo-se (?) de alterar a epígrafe do Título III em conformidade][13]. Entre as modificações mais relevantes, o artigo 66º passou a incluir uma referência à ambígua fórmula do "desenvolvimento sustentável", no nº 2[14]; estabeleceu a relação entre aproveitamento racional dos

---

[12] Esta confusão resulta da LBA, cujo artigo 5º/2/a) abre caminho a interpretações distorcidas sobre o bem jurídico cuja lesão seria susceptível de indemnização (v. também o artigo 40º/4). Tal equívoco, sustentado por leituras personalistas do "direito ao ambiente" perpetuou-se também na Lei da participação procedimental e da acção popular (Lei 83/95, de 31 de Agosto).

[13] O que, para além de reflectir uma excessiva preocupação formal com o *politicamente correcto*, tem uma utilidade reduzida, na medida em que, por um lado, o conteúdo de tais "direitos" fica por determinar e, por outro lado, o regime dos direitos económicos, sociais e culturais já se aplicaria ao "direito ao ambiente", enquanto inserido no Título III. Cfr. A. Sousa Pinheiro e M. Brito Fernandes, **Comentário à IV revisão constitucional**, Lisboa, 1999, p. 87.

[14] Temos muitas dúvidas quanto à consistência do chamado "princípio do desenvolvimento sustentado", qual "rasto ziguezagueante" ao sabor dos interesses conjunturais dos Estados (P.-Marie Dupuy, **Où en est le Droit International de l'Environnement à la fin du siècle?**, in *RGDIP*, 1997/4, pp. 873 segs, 889), ora mais sensíveis à tutela ambiental por força de pressões da opinião pública, ora mais interessados em favorecer grupos económicos e promover projectos com impacto ambiental considerável.

Leia-se a análise de S. Doumbé-Billé (**Droit International et développement durable**, in *Les hommes et l'environnement, Études en hommage à A. Kiss*, Paris, 1998, pp. 245 segs, max. 251 segs) que, defendendo embora o carácter mobilizador do princípio, não deixa de reconhecer a sua ambiguidade e aleatoriedade. Ou atente-se nas reflexões de G. Fievet, Autor que aponta para o carácter dinâmico da ideia de desenvolvimento sustentado,

recursos naturais e solidariedade intergeracional [alínea d), *in fine*]; reforçou a ideia de horizontalidade da política ambiental [nas alíneas e), f) e h)]; e alertou para a necessidade de "promover a educação ambiental e o respeito pelos valores do ambiente" [alínea g)][15].

Enfim, pode dizer-se, em jeito de balanço das revisões do artigo 66º da CRP, que o legislador tem uma visão pouco nítida do bem jurídico *ambiente* – revelada, sobretudo, no nº 2, que *inchou* até ao limite (abarcando no ambiente inúmeros bens já objecto de protecção constitucional noutros locais), mas não menos imprecisa no que tange à tutela subjectiva, no nº 1. Esta *miopia* tem reflexos no capítulo do ressarcimento, ora considerando a possibilidade de ele ocorrer individualmente, ora abrindo a porta à efectivação de responsabilidade por lesão de bens supraindividuais, na epifenoménica fórmula de 1982.

A errância do legislador constituinte no traçado do artigo 66º redunda na impossibilidade de dar resposta clara a três questões:

i.) O que é "ambiente"?
ii.) O que é o "direito ao ambiente"?
iii.) O que é o "dano ecológico"?

Passemos a demonstrar esta (tripla) afirmação.

i.) A inclusão progressiva, nas várias alíneas do nº 2 do artigo 66º (que duplicaram entre 1976 e 1997), de referências a objectivos conexos mas autónomos relativamente à realidade ambiental traduz uma errância penosamente descaracterizante do âmbito de protecção da norma. Se na versão original, o único *desvio* a uma concepção restrita de ambiente se traduzia na alusão, no final da alínea c), ao entrecruzamento entre protecção do ambiente e "preservação de valores culturais de interesse histórico ou artístico", actualmente a amálgama

---

muito mais um resultado da compatibilização de princípios do que, *de per si*, um princípio consolidado – **Réflexions sur le concept de développement durable: prétention économique, principes stratégiques et protection des droits fondamentaux**, *in Revue Belge de Droit International*, 2001/1, pp. 128 segs, 143 segs. Neste último sentido, v. também D. VANDERZWAAG, **The concept and principles of sustainable development: "Rio-formulating" common law doctrines and environmental laws**, *in Windsor Yearbook of acess to justice*, 1993, pp. 39 segs, 41 segs, e L. PARADELL-TRIUS, **Principles of International Environmental Law: an overview**, *in RECIEL*, nº 9, 2000, pp. 93 segs, 98.

[15] Na senda da alínea l) do artigo 4º da LBA.

de interesses que encontram cobertura sob o amplo guarda-chuva da noção de ambiente assumiu proporções desmesuradas. Promover a qualidade do ambiente é promover a saúde, o correcto ordenamento do território, a boa gestão do espaço urbano, a conservação do património cultural, a garantia dos direitos dos consumidores...

Esta diluição, se visava acentuar a transversalidade – inquestionável– da política ambiental, melhor se sediaria no artigo 9º, apelando aí à tarefa estadual de harmonização entre os vários objectivos; se pretendia ajudar a definir os contornos do bem jurídico ambiente, falhou rotundamente o desígnio, na medida em que o miscelaneou com um conjunto de bens jurídicos já claramente sob alçada de dispositivos constitucionais específicos (*vide* os artigos 60º, 64º, 65º, 78º da CRP). Por outras palavras, a deriva constitucional conduziu à *in*definição do bem jurídico *ambiente*, a reboque da (in)definição resultante da alínea a) do nº 2 do artigo 5º da LBA, transformando, para aproveitar uma feliz expressão de GOMES CANOTILHO, ambiente em *ambiance*[16] – ou, diríamos nós, objecto em contexto.

Só uma segunda leitura permite corrigir o excesso do verbo constitucional, repondo a concisão inicial. Quase se poderia apelar a uma *interpretação conforme à Constituição* (na versão original) para efectuar uma operação de subtracção ao artigo 66º/2 de tudo o que aí não deveria encontrar abrigo, sob pena da inoperatividade de qualquer política de ambiente. O resultado de tal operação seria a circunscrição do objecto *ambiente* ao conjunto de bens ambientais naturais a que alude o artigo 6º da LBA: ar, água, luz, solo e subsolo, fauna e flora. Esta é, de resto, uma conclusão comum entre os jusambientalistas[17], que o legislador constitucional talvez devesse ter em conta numa futura investida revisora.

---

[16] J. J. GOMES CANOTILHO, **Procedimento administrativo e defesa do ambiente**, *in RLJ*, nºs 3794 segs, nº 3799, p. 290

[17] Cfr. VASCO PEREIRA DA SILVA, **Verde. Cor de Direito. Lições de Direito do Ambiente**, Coimbra, 2002, p. 57; J. J. GOMES CANOTILHO, **Procedimento...**, *cit., loc. cit.;* J. E. FIGUEIREDO DIAS, **Direito Constitucional e Administrativo do Ambiente**, Coimbra, 2002, p. 12. Veja-se também a crítica de D. FREITAS DO AMARAL à LBA [nomeadamente ao artigo 5º/2/a), que define "ambiente"] – **Análise preliminar da Lei de Bases do Ambiente**, *in SJ*, nºs 241/243, 1993, pp. 43 segs, 45.

Em nossa opinião, como já tivemos ocasião de referir, o Direito do Ambiente deve ser entendido como o *conjunto de princípios e normas que disciplinam as intervenções*

ii.) O nº 1 do artigo 66º, conquanto por razões diversas, não sai ileso de uma análise crítica — e desapaixonada. A errância aqui revela-se, não em face das revisões constitucionais (que lhe não tocaram), mas antes por reflexo da adesão acrítica (embora compreensível, dada a novidade do tema e a comoção que se gerou em seu redor) do legislador constituinte à fórmula do princípio 1 da Declaração de Estocolmo, que veio a influenciar outros instrumentos internacionais (*v.g.*, Carta Africana dos Direitos dos Homens e dos Povos, de 1981, artigo 24; Protocolo adicional à Convenção Americana dos Direitos do Homem, de 1988; Declaração do Rio, de 1992, artigo 1).

Vale a pena transcrever aqui o referido princípio 1:

"O homem tem o direito fundamental à liberdade, à igualdade e a condições de vida satisfatórias, num ambiente cuja qualidade lhe permita viver com dignidade e bem estar, cabendo-lhe o dever solene de proteger e melhorar o ambiente para as gerações actuais e vindouras. Por consequência, são condenadas e devem ser eliminadas as políticas que promovam ou perpetuam o apartheid, a segregação racial, a discriminação e as formas, coloniais ou outras, de opressão e de domínio estrangeiro".

O caos reinante nesta disposição só se compreende se a contextualizarmos no ambiente político da época, fortemente mobilizado em torno da ascensão dos territórios recém-saídos de experiências colonizadoras à independência. Os novos Estados, na sua grande maioria africanos, ainda que sequiosos de autonomia face às potências colonizadoras, enfrentavam vultuosos obstáculos no que concerne à sustentabilidade das suas economias, uma vez libertas da gestão do Estado opressor. A existência, em muitos desses novos Estados, de consideráveis recursos naturais (petróleo; pedras e metais preciosos) – fontes de riqueza que passariam a estar, com a independência, sob tutela dos governos nacionais – justifica a afirmação, no princípio 21 da Declaração de Estocolmo, do princípio da soberania dos Estados

---

humanas sobre os bens ecológicos, de forma a promover a sua preservação, a impedir destruições irreversíveis para a subsistência equilibrada dos ecossistemas e a sancionar as condutas que os lesem nas suas integridade e capacidade regenerativa — C. AMADO GOMES, **Ambiente (Direito do)**, in Textos dispersos de Direito do Ambiente, Lisboa, 2005, pp. 73 segs, 95.

sobre os recursos naturais situados em território sob sua jurisdição [positivando, assim, a jurisprudência *Trail Smelter* (1938/41)[18]].

O aproveitamento dos recursos naturais surge como pressuposto da melhoria das condições de vida das populações dos novos Estados, pois gera riqueza, redução da conflitualidade social, ausência de guerra. Direito à autodeterminação e direitos à qualidade de vida, à paz, à saúde, à habitação, revelam uma sinonímia justificativa da associação feita no princípio 1 *supra* citado. O *direito ao ambiente* como epítome da emergência de uma nova "geração" de "direitos"[19] – colectivos, difusos, de solidariedade, circulares[20] – revela uma dimensão claramente centrada na melhoria das condições de vida das populações, realidade estruturalmente identificada com normas de protecção objectiva (tarefas do Estado), mas que foi "carregada de sentido" através da via subjectiva.

O antropocentrismo resultante desta abordagem é temperado (porventura, mesmo, superado), na Declaração, nos princípios seguintes, que apontam sobretudo para deveres de preservação e conservação dos recursos naturais, no interesse das gerações actuais e vindouras. Mas a primeira pedra já fora lançada e acabaria por determinar a compreensão futura da tutela ambiental. *Ambiente* haveria de ser, numa certa perspectiva, uma realidade intimamente relacionada com o bem-estar, físico e psíquico, das pessoas, com a sua qualidade de vida. Esta abordagem personalista acabou por se reflectir nos ordenamentos internos dos Estados, a diferentes títulos. Houve quem se apercebesse da natureza essencialmente simbólica da fórmula do "direito ao ambiente", ignorando-a e reconvertendo-a a partir da ver-

---

[18] O caso *Trail Smelter*, decidido por um tribunal arbitral em 1941, opôs os Estados-Unidos ao Canadá a propósito de uma questão de poluição transfronteiriça. Da decisão resultam dois princípios: por um lado, que o Estado detém a soberania sobre os recursos naturais situados em territórios sob sua jurisdição; por outro lado, e aliado a este princípio, surge o imperativo de responsabilização do mesmo Estado por danos eventualmente provocados extra-fronteiras em virtude da exploração de tais recursos.

[19] Cuja existência é discutível. Leiam-se as reflexões de J. DE LUCAS (**La polémica sobre los deberes de solidaridad**, *in RCEC*, nº 19, 1994, pp. 9 segs, 35 segs, *max*. 41 segs) que, sem negar a vertente simbólica da ideia de "direitos" de solidariedade, questiona a sua coerência.

[20] Cfr. J. C. VIEIRA DE ANDRADE, **Os direitos fundamentais na Constituição de 1976**, 3ª ed., Coimbra, 2004, p. 168, nota 126.

tente impositiva (dever de protecção do ambiente) – caso paradigmático da Alemanha, que na revisão constitucional de 1994 introduziu um "artigo ambiental" numa lógica puramente objectiva. Houve, em contrapartida, quem se deixasse seduzir pela melodia da via subjectiva, aderindo sem perceber a uma fórmula vazia – caso da Constituição de 1976, na primeira parte do nº 1 do artigo 66º.

O entusiasmo da Constituição de 1976 pelos direitos fundamentais, resposta mais que compreensível ao longo período de apagamento das liberdades vivido sob a égide da Constituição de 1933, contribuiu naturalmente para a adesão à fórmula do direito ao ambiente. Ensombrou, contudo, a dimensão – já relevada em Estocolmo – do dever de protecção do ambiente. A indeterminação do objecto do pretenso direito – impossibilidade de aferir o *quantum* individual de fruição dos componentes ambientais naturais de que cada indivíduo necessita – acaba por contaminar a compreensão do objecto do dever (quando entendido a partir das mesmas premissas).

É preciso, pois, ignorar a dimensão pretensiva para que aponta o primeiro segmento do nº 1 do artigo 66º: a fruição de um bem de natureza colectiva como o ambiente incorpora um interesse de facto, não um direito — e para a sua afirmação, basta uma disposição como o artigo 52º/3 (reformulado e realojado na Parte geral dos direitos fundamentais, e não qualificado como direito político). Assim, torna-se perfeitamente apreensível a vertente impositiva, que faz impender sobre cada cidadão, dependendo da sua actividade em concreto, deveres de conteúdo diferenciado em razão do impacto causado ao ambiente[21]. É esta, de resto, a tendência actual, bem espelhada na recente *Charte constitutionnelle de l'Environnement*, aprovada em

---

[21] Sobrelevando a faceta impositiva, embora admitindo a existência de um direito ao ambiente, TIAGO ANTUNES, **Ambiente: um direito, mas também um dever**, in *Estudos em memória do Professor Doutor António Marques dos Santos*, II, Coimbra, 2005, pp. 645 segs, *passim*. Esta posição, muito difundida na doutrina brasileira — v., por último, F. L. FONTOURA DE MEDEIROS, **Meio Ambiente. Direito e dever fundamental**, Porto Alegre, 2004, *max.* pp. 109 segs —, começou por merecer a nossa adesão na primeira edição do nosso **As operações materiais administrativas e o Direito do Ambiente** (1ª ed., 1999), pp. 16 segs, mas revela-se-nos hoje insustentável.

Maio de 2005 pela Assembleia Nacional francesa para valer como lei constitucional[22].

iii.) A descaracterização do objecto patente numa primeira leitura do artigo 66°/2 da CRP em nada contribuiu, naturalmente, para a autonomização do dano ecológico em face de danos "ambientais" – que mais não são que danos pessoais, de um indivíduo ou de um grupo. Hesitando entre a concepção restrita e a concepção ampla de ambiente, o legislador constituinte não só deixou envolta em equívocos a posição jurídica que relaciona cada cidadão com os bens ambientais naturais, como semeou a confusão em torno da questão da eventual indemnizabilidade dos danos provocados a estes bens.

Com efeito, o desconforto manifestado pelo legislador constituinte na aproximação dogmática à nova realidade reflectiu-se não só na adesão a uma fórmula puramente proclamatória, como na deriva verificada ao nível da redacção do primitivo n° 3 do artigo 66°. Recorde-se que, em 1976, aí se referia a indemnizabilidade do dano ambiental individual; passando em 1982 a distinguir-se entre dano pessoal e dano ambiental (por força da referência a "lesão directa"); para, em 1989, voltar a confundir as realidades, então em sede de direito de "acção popular", no artigo 52°/3 da CRP. O que se conclui desta série de avanços e recuos é que o legislador não consegue desprender-se de uma visão personalista do dano ambiental, opção que esvazia de sentido o artigo 66°.

Por outras palavras, se o dano ambiental corresponde ao dano pessoal, ele já estaria coberto por todo um conjunto de disposições referentes a direitos fundamentais "clássicos" (à vida, à integridade física e psíquica, à propriedade, à iniciativa económica, à investigação científica) – o que torna inútil o artigo 66°, na sua integralidade,

---

[22] A *Charte* enuncia deveres como os de preservação e promoção da qualidade ambiental (art. 2), de prevenção de danos e/ou minimização de danos para o ambiente (art. 3), e de ressarcimento de danos ambientais (art. 4). Sobre a Carta, vejam-se o n° especial de 2003 da *RJE* (subordinado ao título «*La Charte constitutionnelle en débat*», em especial o artigo de R. ROMI, **Les principes du Droit de l'Environnement dans la «Charte constitutionnelle»: «jouer le jeu» ou mettre les principes «hors-jeu»?**, a págs. 45 segs), bem como o n° especial de 2005 da mesma revista, em cujos artigos vários autores se propõem fazer um balanço dos primeiros meses de vigência do documento (*La Charte constitutionnelle en vigueur*).

pois mais uma vez não consegue destacar-se de objectivos já anteriormente definidos. Pelo contrário, se o dano ambiental se diferencia do dano ecológico (como o legislador parece ter intuído em 1982), então não se compreende a alusão, no nº 3 do artigo 52º, ao "direito a obter, para o lesado ou lesados, a correspondente indemnização" – seria um locupletamento do actor popular à custa da colectividade. Este equívoco perpetua-se e reforça-se no artigo 22º da Lei 83/95, de 31 de Agosto (Lei da Participação procedimental e da acção popular), cujo enigmático nº 2 (só aplicável a acções para defesa de interesses individuais homogéneos) deixa em aberto a questão do destino da indemnização por dano provocado em bem de natureza colectiva.

A confusão constitucional só pode inquinar a actuação do legislador ordinário – embora este tenha sido, por seu turno, responsável pela contaminação do texto constitucional em revisões constitucionais: a LBA, ao reconhecer, no nº 5 do artigo 40º, que autarquias e cidadãos "afectados pelo exercício de actividades susceptíveis de prejudicarem a utilização dos recursos do ambiente", gozam do direito às "compensações por parte das entidades responsáveis pelos prejuízos causados", em nada contribuiu para o esclarecimento desta questão. O dano ecológico reveste contornos que o tornam diverso do dano pessoal: ao nível do nexo de imputação; em extensão; em cálculo do prejuízo, quer por relação com o ecossistema, quer por relação com a utilidade que o homem dele retira; quanto aos limites de indemnizabilidade. A directiva 2004/35/CE, de 21 de Abril, sobre responsabilidade por danos ambientais, pode servir de alavanca a uma tomada de posição clara do legislador quanto a este ponto – mas só no que toca à responsabilidade aquiliana[23] (facto que, aliado à inércia no sentido do desenvolvimento do artigo 41º da LBA e à clara inadequação, quer do Código Civil, quer do artigo 8º do DL 48.051, de 27 de Novembro de 1967, para resolver o problema da responsabilidade objectiva, denuncia um défice grave no âmbito da responsabilidade por dano ecológico).

---

[23] Cfr. o consid. 20 e o artigo 8/3 e 4 da directiva, que excluem da aplicação da mesma os danos causados por operadores ao abrigo de uma autorização e quando tenham agido com a diligência exigível.

2. O *simbolismo* das normas constitucionais de protecção do ambiente

O simbolismo da tutela constitucional ambiental revela-se, em primeiro lugar, na adesão da Constituição, por influência directa da Declaração de Estocolmo, a uma certa retórica, politicamente correcta e certamente bem intencionada, mas destituída de efeitos práticos e desviante dos objectivos a alcançar por um "artigo ambiental".

Na verdade, e como já vimos afirmando há vários textos a esta parte[24], o "direito ao ambiente" nada mais é do que um "testa de ferro", um rótulo que encobre sempre uma posição jurídica de retaguarda. Em si e por si é inconsistente, na medida em que se há-de traduzir irremediavelmente num outro direito, de carácter pessoal ou patrimonial. Basta analisar os arestos, quer da jurisdição cível, quer da jurisdição administrativa[25] – para não falar de decisões do Tribunal Europeu dos Direitos do Homem, nas quais questões pretensamente ambientais foram resolvidas por apelo à garantia da inviolabilidade do domicílio e da privacidade[26] –, que insiram no sumário a fórmula "direito ao ambiente", para confirmar que o que dá forma e conteúdo a este "direito" é uma outra posição jurídica. O primeiro segmento do artigo 66º/1 é, pois, irrelevante – bem como a categoria de "direitos ambientais" inventada pelo legislador da revisão constitucional de 1997 e introduzida, sem quaisquer consequências, na alínea d) do artigo 9º –, bastando aos objectivos de mobilização cívica e de afirmação de um interesse de fruição de um bem colectivo o disposto no artigo 52º/3 da CRP (depurado).

---

[24] V. os nossos **A ecologização da justiça administrativa: brevíssima nota sobre a alínea l) do nº 1 do artigo 4º do ETAF**, in *Textos...*, *cit.*, pp. 249 segs, 261, 262; **O direito ao ambiente no Brasil: um olhar português**, in *Textos..., cit.*, pp. 271 segs, 282 segs; **As operações materiais administrativas e o Direito do Ambiente**, 2ª ed., Lisboa, 2005, pp. 18 segs.

[25] Cfr. J. Pereira Reis, **A jurisprudência portuguesa no domínio da protecção do ambiente**, in *Temas de Direito do Ambiente*, Lisboa, 1989, pp. 119 segs, 131 segs.

Na jurisprudência recente, vejam-se, entre muitos, os Acórdãos do STA: de 25 de Junho de 1992 (*in ApDR*, de 16 de Abril de 1996, pp. 4269 segs); de 23 de Outubro de 2002, proc. 1102/02; de 29 de Abril de 2003, proc. 047545; os Acórdãos do STJ: de 2 de Julho de 1996, proc. 96A483 (*in ROA*, 1996/II, pp. 667 segs, com anotação de A. Menezes Cordeiro); de 1 de Março de 2001, proc. 01A058; de 26 de Novembro de 2002, proc. 02A2742.

[26] Cfr. os casos *Lopez Ostra vs Espanha* (1992) e *Hatton e outros vs Reino-Unido* (2001), ambos resolvidos com base no artigo 8 da Convenção.

E nem se venha brandir contra esta operação aparentemente redutora do âmbito de protecção da norma o facto de lesões pessoais ficarem sem tutela – pois elas já a alcançam pelas vias tradicionais[27]. A tutela ambiental, a acrescentar alguma coisa ao quadro que resulta da protecção de direitos de personalidade e propriedade, tem que incidir exclusivamente sobre a preservação e promoção da qualidade dos bens ambientais naturais. Só esta via interpretativa dará sentido útil ao artigo 66º da CRP e salvará a tutela ecológica de uma amputação fatal (porque sempre mediada por uma lesão à esfera jurídica pessoal). Tudo o resto reduz-se, como afirma RUPP, a uma "utopia inútil"[28].

O simbolismo revela-se num segundo plano, bem mais importante do ponto de vista prático: a estreita dependência em que o Direito do Ambiente se encontra do bloco de legalidade comunitária[29]. A consulta de qualquer compêndio de legislação ambiental é bem demonstrativa de que o edifício que alberga o quadro jurídico de protecção do embiente em Portugal — ressalvada a LBA, expressão da soberania formal do Parlamento sobre a matéria [cfr. o artigo 165º/1/g) da CRP] — tem os seus alicerces em directivas comunitárias. Basta, de resto, atentar na data de início de "construção": lentamente, a partir de 1987 (LBA); rapidamente e em força a partir de 1990, quando o prazo de transposição das normas do acervo a que Portugal

---

[27] O Prof. Jorge Miranda, no período de debate que se seguiu às intervenções dos oradores, manifestou a sua preocupação por o "direito ao ambiente" se encontrar ausente do elenco de direitos fundamentais da Carta dos Direitos Fundamentais da União Europeia, proclamada em 2000 (na verdade, a protecção ambiental surge na Carta, no artigo 37, numa vertente puramente objectiva, que merece o nosso aplauso). Referiu, para reforçar a relevância de tal ausência e a necessidade da sua enunciação, o caso das obras do metropolitano de Lisboa, decidido em 1957 por um tribunal português (já recenseado pelo Autor no seu texto **A Constituição e o Direito do Ambiente**, in *Direito do Ambiente*, INA, 1994, pp. 353 segs, 365), no qual estava em causa a condenação do Metro à cessação de obras de extensão da linha verde realizadas em período nocturno, perturbando assim o descanso dos residentes. O exemplo, salvo o devido respeito, prova demais, ou seja, atesta bem a desnecessidade de consagração de um "direito ao ambiente" em face de normas de protecção específicas de direitos de personalidade.

[28] H. RUPP, **Ergänzung des Grundgesetzes um eine Vorschrift über den Umweltschutz?**, in *DVBl*, 1985/17, pp. 990 segs, 990.

[29] Falando em simbolismo do artigo 20A da Lei Fundamental de Bona, em virtude da crescente vinculação do Estado alemão ao Direito Comunitário, H. SCHULZE-FIELITZ, **La protezione...**, *cit.*, p. 85.

também aderira começou a esgotar-se (ou já se extinguira). Razão têm, destarte, J. E. FIGUEIREDO DIAS e J. PEREIRA MENDES, quando afirmam que, em sede ambiental, "a legislação portuguesa anda «a reboque» da legislação comunitária"[30].

O enquadramento sistemático da tutela ambiental em Portugal é, pois, tributário da integração comunitária e do respeito pelos princípios da lealdade e da uniformidade na interpretação e aplicação das normas comunitárias[31] – embora o Estado português não seja um aluno exemplar nesta sede (recordem-se apenas dois exemplos: a manutenção do regime do deferimento tácito no procedimento de avaliação de impacto ambiental, contra a jurisprudência do Tribunal de Justiça[32]; a não transposição da directiva 2001/42/CE, de 21 de Julho, sobre avaliação de impacto estratégica – deveria ter sido transposta até Julho de 2004).

Pode até dizer-se que os Estados-membros se encontram hoje – e apesar de as políticas de ambiente e de saúde não serem políticas comuns – reféns da decisão supranacional sobre um conjunto de questões que tradicionalmente contribuíam para a definição do núcleo de soberania interna de um Estado. Pensamos na amputação decisória nacional sofrida em áreas tangenciais como o risco sanitário e o risco ambiental, subtilmente transitadas para a esfera supranacional (e não só comunitária[33]) por força da sua relação com os temas da

---

[30] J. E FIGUEIREDO DIAS e J. PEREIRA MENDES, **Legislação ambiental. Sistematizada e comentada**, 4ª ed., Coimbra, 2004, p. 219.

[31] Esta afirmação não ignora a existência de alguns diplomas com incidência ambiental anteriores a 1987/90. No entanto, a ausência das bases propiciadas pela LBA afectava a sua coordenação e efectividade, quando não a sua conformidade constitucional [exemplo paradigmático é o da Reserva Ecológica Nacional, criada pelo DL 321/83, de 5 de Julho, que viu algumas das suas normas declaradas inconstitucionais por violação da reserva de lei parlamentar decorrente do (então) artigo 168º/1/g) da CRP – e que, em bom rigor, e de acordo com a declaração de voto do Juiz Conselheiro Mário de Brito, apoiada na lição de Gomes Canotilho, deveria ter sido declarado organicamente inconstitucional no seu todo, por ausência do quadro principiológico de base a estabelecer pela Assembleia. Veja-se o Acórdão do Tribunal Constitucional 368/92, *in RLJ*, nºs 3829/3830, 1992, pp. 121 segs, com anotação de J. J. GOMES CANOTILHO, a págs. 127 segs].

[32] Veja-se o Acórdão do Tribunal de Justiça, de 14 de Junho de 2001, caso C-230/00, *in Cadernos do CEDOUA*, 2001/2, pp. 67 segs (com anotação de J. E. FIGUEIREDO DIAS, **O deferimento tácito da DIA – mais um repto à alteração do regime vigente**, a pp. 72 segs).

[33] Recorde-se o papel fulcral desempenhado pela Organização Mundial do Comércio na disciplina das trocas comerciais ao nível mundial e na recusa de aceitação do princípio da

liberdade de circulação de mercadorias e da salvaguarda de condições de concorrência leal entre operadores económicos no espaço comunitário. O problema da regulação da comercialização de organismos geneticamente modificados é paradigmático, pelas questões que coloca ao nível, quer da protecção ambiental, quer da protecção da saúde pública, por um lado, e da manutenção de um espaço decisional nacional cada vez mais reduzido, por outro lado. A oposição à introdução de tal factor de risco, no limite, reduz-se à invocação e comprovação de novos argumentos de natureza científica que atestem a perigosidade dos OGMs em causa, com carácter provisório e submetida a controlo prévio da Comissão (cfr. a directiva 2001/18/CE, de 12 de Março, artigo 23)[34].

Princípios sacrossantos como a reserva de lei e da democracia representativa ficam claramente em risco, dado que o Estado se vê despossuído da última palavra em matérias fundamentais para o

---

precaução como base do unilateralismo da actuação dos actores na cena internacional, paradigmaticamente projectado na *Beef Hormone dispute* (complexo litígio que opõe União Europeia e Estados-Unidos da América desde 1996). Sobre este caso, W. DOUMA, **The beef hormone dispute: does WTO law preclude precautionary health standards?**, *in International Law and the Hague's 75th anniversary*, org. Wybo P. Heere, Haia, 1999, pp. 333 segs, *max.* 341 segs; H. RUIZ FABRI, **La prise en compte du principe de précaution par l'OMC**, *in RJE* – 2000, nº especial, pp. 55 segs; M. VICTOR, **Precaution or protectionism? The precautionary principle, genetically modified organisms and allowing unfounded fear to undermine free trade**, *in TL*, 2001/1, pp. 295 segs, 309 segs.

No campo da segurança alimentar – portanto, da protecção da saúde pública –, as questões da precaução e sobretudo da relevância da prova científica como fundamento de medidas restritivas do comércio [ao abrigo do artigo XX/b) do GATT] voltaram já posteriormente a ser debatidas no seio da OMC, tendo-se o Órgão de Resolução de Conflitos apoiado na posição adoptada no caso das hormonas para negar a aplicação directa do princípio, bem como para exigir uma exaustiva avaliação do risco que, no entanto, não tem que equivaler à comprovação de um "risco zero" [nomeadamente, nos casos do salmão (Canadá vs. Austrália, 1998) e dos produtos agrícolas (Estados-Unidos vs. Japão, 1999)] – cfr. C. NOIVILLE, **Principe de précaution et Organisation mondiale du commerce. Le cas du commerce alimentaire**, *in JDI*, 2000/2, pp. 263 segs, 277 segs; P. DIDIER, **Le principe de précaution: une approche communautaire et internationale**, *in Journal des Tribunaux – Droit Européen*, nº 69, 2000, pp. 118 segs; G. BOSSIS, **La notion de sécurité alimentaire selon l'OMC: entre minoration et tolerance timide**, *in RGDIP*, 2001/2, pp. 331 segs, 347 segs.

[34] Cfr. M. LEE, **EU Environmental Law. Challenges, Change and Decision-making**, Oxford/Portland, 2005, pp. 239 segs, 244 (afirmando que a nova directiva OGMs "dramatically restricts the possibility of autonomous safeguard action").

bem-estar dos membros da comunidade em favor de entidades cuja legitimidade democrática é remota (recorde-se que o Parlamento Europeu continua, no limite e apesar de poder introduzir alterações a propostas da Comissão e do Conselho, reduzido a uma competência legislativa negativa – artigos 251 e 252 do Tratado de Roma). Claro que pode retorquir-se que o Estado-membro pode sempre (excepto se a avaliação de risco for totalmente centralizada) invocar as cláusulas de salvaguarda previstas nas directivas (cfr. o artigo 95/10 do Tratado de Roma), ou recorrer directamente aos mecanismos de excepção consagrados no artigo 30 do Tratado de Roma. Ou mesmo assumir uma atitude de rebeldia, entrando em incumprimento. Porém, tais comportamentos são incompatíveis com a uniformidade de aplicação do Direito Comunitário e acabarão por ser objecto de censura (no limite, através de uma condenação em acção por incumprimento, aliada à aplicação de sanções pecuniárias compulsórias, nos termos do artigo 228/2 do Tratado de Roma), obrigando o Estado a conformar-se com a legalidade supranacionalmente estabelecida.

Será este um preço demasiado alto – dirão alguns. Certo é que o enquadramento jurídico da protecção do ambiente em Portugal nunca teria alcançado o desenvolvimento a que hoje assistimos – e que só falha na execução por força dos fracos índices de sensibilização da população para a causa ecológica e do défice de fiscalização das autoridades competentes – sem o empurrão (seguido de amparo constante) da Comunidade Europeia e do seu Direito.

3. Conclusão

A novidade da causa ambiental justifica o *simbolismo* do artigo 66º/1 da CRP, mas não explica a *errância* a que o legislador das revisões constitucionais se entregou, descaracterizando o âmbito de protecção da norma do nº 2 até aos limites do indefinível. Assim, e no balanço de 30 anos do artigo ambiental português, as nossas sugestões são as seguintes:

    i.) Supressão da referência a "direitos ambientais" da alínea d) do artigo 9º da CRP;

ii.) Reformulação da redacção da alínea e) do artigo 9°: por exemplo, *"Assegurar um correcto ordenamento do território, promover uma gestão racional dos recursos naturais e defender a natureza, proteger e valorizar o património cultural, numa lógica de integração e harmonização de objectivos";*

iii.) Inclusão no artigo 20° da figura da legitimidade popular para defesa de bens de fruição colectiva[35], explicitando que as indemnizações a arbitrar deverão ser afectas à prossecução de iniciativas relacionadas com a promoção desses bens, através da constituição de fundos a gerir por entidades a determinar por lei – deixando no n° 3 do artigo 52° a "acção popular" correctiva na alínea a)[36] e mantendo a alínea b);

iv.) Nova redacção do artigo 66°/1: *"O ambiente é um bem de fruição colectiva, impendendo sobre todos os cidadãos o dever de o proteger e de o preservar no seu interesse e no das gerações futuras".*

v.) Eventual[37] aditamento de um novo n° 2 (passando o actual n° 2 a n° 3), com a seguinte redacção:
"A todos são reconhecidos os direitos à informação e ao acesso à informação ambiental, à participação em procedimentos com vista à tomada de decisões com incidência no aproveitamento comum dos bens naturais, e ao acesso à justiça com objectivos preventivos, inibitórios e ressarcitórios de condutas ambientalmente lesivas".

---

[35] Recuperando a sugestão de JORGE MIRANDA nas **Ideias para uma revisão constitucional**, *cit., loc. cit.*.

[36] Com correspondência no n° 3 do artigo 55° do CPTA.

[37] A razão da nossa hesitação prende-se com a indubitável inclusão destas projecções adjectivas do interesse substantivo identificado no n° 1 noutras disposições constitucionais (cfr. os artigos 20°, 52°/3, 267°/5, 268°/1 e 2 da CRP), facto que implicaria uma duplicação inútil, pelo menos do ponto de vista teórico. Não se olvide, no entanto, a autonomização que estes direitos vêm sofrendo ao nível comunitário e internacional [*vide* a directiva 2003/04/CE, de 28 de Janeiro de 2003, sobre direito à informação, que visou adaptar o ordenamento comunitário à Convenção de Aarhus, sobre direito de acesso à informação e justiça ambientais, bem como a própria Convenção de Aarhus (aprovada para ratificação pela Resolução da Assembleia da República 11/2003, *in DR-I*, de 25 de Fevereiro de 2003, pp. 1315 segs)], sinais de que a protecção ambiental se traduz e concretiza essencialmente em mecanismos de activação da cidadania (uma espécie de *status activae processualis* ambiental, tomando aqui de empréstimo uma qualificação utilizada por JORGE MIRANDA, **Manual de Direito Constitucional**, 3ª ed., Coimbra, 2000, pp. 93, 94).

vi.) Nova redacção do artigo 66°/2: *"Incumbe ao Estado, Regiões Autónomas e autarquias locais promover a qualidade do ambiente, por meio de organismos próprios e com o envolvimento e participação dos cidadãos, individualmente ou através de estruturas de carácter associativo. Com vista a tal objectivo, cumpre":*
   a) Promover o aproveitamento racional dos recursos naturais, salvaguardando a sua capacidade de renovação e a estabilidade ecológica, com respeito pelo princípio da solidariedade entre gerações — actual alínea d):
   b) Prevenir e controlar as emissões poluentes e os seus efeitos e combater as formas prejudiciais de erosão – actual alínea a), com ligeiras reformulações;
   c) Criar e desenvolver reservas e parques naturais, e de recreio, bem como classificar e proteger paisagens e sítios, de modo a garantir a conservação da natureza – actual alínea c), com a supressão do segmento final;
   d) Promover a educação ambiental e o respeito pelos valores do ambiente – actual alínea g;
   e) Promover a integração de objectivos ambientais nas várias políticas de âmbito sectorial — actual alínea f).
[A "dieta de emagrecimento" a aplicar ao artigo 66°/2 passaria, assim, pela supressão das alíneas b), e) e h). Esta última transitaria para um artigo, a inserir no Título IV, relativo ao sistema financeiro e fiscal, o qual teria por epígrafe "política fiscal", cujo n° 1 poderia ser o actual n° 1 do artigo 103°, e o n° 2 albergaria a referência à recomendável interdependência entre o desenvolvimento de actividades nocivas para a integridade ambiental e a necessidade de suportação desse custo social através de impostos especificamente criados para esse fim];

vii.) Aditamento de um segmento final à alínea a) do artigo 100° (*Objectivos da política industrial*): *"(...), salvaguardando-se, na medida do possível, a integridade dos recursos naturais e a qualidade do ambiente".*

Em suma: depuração constitucional precisa-se! À errância e ao simbolismo detectados, contrapomos menos retórica e mais concisão. Pedagogia demanda clareza. E a função educativa é hoje, porventura, a mais importante missão confiada às normas constitucionais relativas à protecção do ambiente, no sentido da criação de um sentimento de responsabilização colectiva pela qualidade dos bens naturais. Que muito contribuiria, certamente, para elevar os níveis de efectividade da legislação ambiental.

Lisboa, Março de 2006

CARLA AMADO GOMES
Assistente da Faculdade de Direito
da Universidade de Lisboa

DIREITO DO AMBIENTE:
da "idade da inocência" à "idade adulta"

Introdução

São diversas as singularidades que o Direito do Ambiente encerra. De todas, vale eleger três. A primeira é a sua idade. Aos trinta e quatro anos, a perfazer entre Junho e Outubro de 2006[1], o Direito do Ambiente conhece data precisa em que viu a luz do dia – o que, não sendo único, é marca singular que convém salientar. A segunda, o local de nascimento. O Direito do Ambiente nasce de fora para dentro dos Estados, primeiro no plano internacional e logo depois no plano comunitário. Nascido fora, é posteriormente "adoptado" pelos Estados, aí vivendo, em todos e em cada um. A terceira, o trajecto percorrido. Longe de seguir o exemplo de outras rotas fracassadas, o Direito do Ambiente não se quis logo afirmar com a rebeldia que os verdes anos, por via de regra, inculcam que exista. Usou da velha máxima segundo a qual há tempos de "usar de coruja" e tempos de "voar como o falcão". Trabalhou as velhas matérias do Direito, percorreu todos os trilhos traçados pelas classificações clássicas, envolveu-as e só depois, anos mais tarde, delas se libertou para afirmar o seu espaço próprio. E quando o afirmou constatou que o trajecto percorrido o fazia aplicar-se em vários patamares, nada menos que cinco: o local, o nacional, o regional, o comunitário e o internacional.

Matéria singular, com origens fortemente consuetudinárias mas com elevadíssimo grau de cristalização, o que explica a rapidez da sua consolidação, o Direito do Ambiente conheceu já três "idades". Uma que vai de 1972 a 1987 – a primeira, a que chamamos a "idade da

---

[1] Junho de 1972 : Conferência de Estocolmo das Nações Unidas e Outubro de 1972: Cimeira de Paris dos Chefes de Estado e de Governo da, então, CEE.

inocência". Outra, que vai de 1987 a 2004 – a segunda, a que chamamos a "idade da adolescência". E ainda outra, que actualmente percorre – a terceira, a que chamamos a "idade adulta".

O presente artigo trata, em relance sumário, as "idades" já vividas pelo Direito do Ambiente e debruça-se sobre a actual, a propósito de específica legislação entretanto aprovada.

A) A "idade da inocência" (de 1972 a 1987)

É consensual que as origens próximas do que hoje chamamos Direito do Ambiente remontam ao final da década de sessenta e início da década de setenta do século passado. E que as suas "origens" remotas, se assim podem ser apelidadas, são esparsas e nunca, por nunca, recuam a antes do século XX[2]. No plano do Direito Internacional, a ONU, através da Resolução 2398 (XXIII)[3], prevê a convocação de uma conferência mundial sobre o "meio humano"; o Conselho da Europa, adopta a declaração sobre a poluição do ar[4] e, logo depois, a Carta Europeia da Água[5]; e a OUA adopta a convenção africana sobre a conservação da natureza e dos recursos naturais[6]. Estes instrumentos legiferantes são, na verdade, consequenciais a um movimento de opinião sem precedentes entretanto formado. Em bom rigor é o primeiro destes instrumentos que levará à Conferência das Nações Unidas sobre o meio ambiente – a Conferência de Estocolmo – realizada em Junho de 1972.

No plano do Direito Comunitário, nada de realmente significativo para as matérias ambientais podia ser extraído dos Tratados constitutivos, todos eles voltados, por razões óbvias e datadas, para outras prioridades, das quais se destacava a harmonização das heterogéneas economias europeias. Será preciso esperar por Outubro de 1972 para que os Chefes de Estado e de Governo concretizem o primeiro passo

---

[2] Vd. O nosso "A Avaliação de Impacto Ambiental como Princípio do Direito do Ambiente nos Quadros Internacional e Europeu" – PUC, Porto 2000, pp. 31 e ss.
[3] Adoptada pela AG em 3 de Dezembro de 1968.
[4] Em 8 de Março de 1968.
[5] Em 6 de Maio de 1968.
[6] Adoptada em 15 de Setembro de 1968.

para a formação de um corpo de regras que estariam na base do Direito Europeu do Ambiente[7].
Nestes dois planos e nesta "idade" existem coisas em comum. Fundamentalmente são três. A saber:

a) o levantamento básico das situações e a hierarquização, ainda que elementar, de prioridades na acção;
b) uma opção quantitativa para aquele levantamento e esta hierarquização;
c) uma ténue evolução que, no plano internacional, se transmite pela passagem da abordagem dos problemas de uma escala de relações de vizinhança para uma escala global e que, no plano comunitário, se exerce pela convocação dos princípios da integração e do desenvolvimento sustentável;.

Ocorre que a "importação" ou "adopção" pelos Estados e consequentes direitos nacionais das questões, problemas e matérias ambientais determinaram um esforço suplementar do Direito do Ambiente nestes primeiros anos de existência. Despojado de instrumentos próprios, desde logo pela sua estratégia de "usar de coruja" mas também e, porventura, sobretudo, pela incapacidade de os gerar, o Direito do Ambiente foi buscar instrumentos alheios, designadamente de índole administrativa e penal, para fazer face aos novos desafios e responder às novas exigências. Esses instrumentos, pela natureza que lhes era e é própria, traduziram-se em instrumentos de cariz marcadamente repressivo. Mas concebidos para aqueles ramos clássicos da ciência jurídica depressa se revelariam não próprios ou, concedendo, não completamente adequados às situações que pretendiam regular em sede jus-ambiental. Isso explica, por exemplo, que um dos fundamentais princípios logo alcançados nesta "idade" do Direito do Ambiente – o princípio do poluidor-pagador – não tivesse tido a concretização necessária em muitas situações para as quais era suposto ser eficaz.

Nestes primeiros anos, o Direito do Ambiente, ainda que intuísse a necessidade de acções preventivas, quis, sobretudo, regular reprimindo. E como os instrumentos ao seu dispôr se revelaram, frequen-

---

[7] Cimeira de Paris, de Outubro de 1972.

temente, desajustados às situações, não fez bem nem uma coisa nem outra. Na verdade, podia ter prevenido mais e reprimido melhor.

B) A "idade da adolescência" (de 1987 a 2004)

O que vem de ser dito haveria de sofrer uma alteração profunda nos finais da década de 80 do século passado. Essa alteração é visível em múltiplas sedes mas é particularmente notável em dois campos: o dos instrumentos de tutela e o da evolução jurisprudencial operada nos chamados "casos ambientais". Tratou-se, afinal, de perceber que era fundamental introduzir elementos qualitativos que determinassem tratamentos diferentes para as especificidades das questões ambientais e não apenas quantitativos que não mediam ou mediam mal aquelas especificidades.

No campo dos instrumentos de tutela, ocorreu uma importante viragem, mediante o surgimento de instrumentos apelidados de "não confrontacionais". Não se tratou de abdicar dos "velhos" instrumentos tutelares, herdados do Direito Administrativo ou do Direito Penal. Tratou-se de lhes aditar mais alguns, de natureza completamente diferente. É assim que, ao lado dos meios tutelares clássicos, como as proibições, as autorizações, as limitações ou as licenças, irrompem novos instrumentos de que os acordos voluntários, as eco-auditorias ou a mediação ambiental (esta última nos países que acolhem a figura) são exemplo. Estes instrumentos, surgidos nesta altura e nesta "idade", levaram a que se operasse uma reorientação da gestão da tutela ambiental, convidando, desde logo, as empresas a serem *players* nas áreas ambientais e afins ou que, pela sua própria natureza, se tornaram afins[8]. Como noutro lugar salientámos, tratou-se de ver o Direito do Ambiente como dotado de "elementos de persuasão, de convencimento ou de adesão, mais do que elementos de comando ou de sanção"[9]. Tratou-se, numa palavra, de não deixar o campo todo a instrumentos de controlo directo, com escassa flexibilidade e visível ineficácia económica e abrir esse campo a instrumentos indirectos, a partir de uma lógica de economia de mercado, mais flexíveis e eficientes.

---

[8] Como é particularmente o caso das matérias das energias renováveis.
[9] Cf. o nosso " A Avaliação de Impacto Ambiental (...)", cit., p. 323.

No campo da evolução jurisprudencial entretanto operada, algumas notas são características desta "idade" do Direito do Ambiente. Em primeiro lugar, o surgimento de novos conceitos indeterminados com os quais a jurisprudência lida e nos quais faz assentar grande parte do seu trabalho – de que é sugestivo exemplo o conceito de "proximidade imediata" da poluição[10]. Em segundo lugar, a evolução de algumas noções conhecidas mas cujo entendimento se tornou mais lato – como é o caso do conceito de "vítima", já equiparado ao conceito de "parte lesada"[11]. Em terceiro lugar, a importante evolução jurisprudencial que se traduziu na aceitação de que, dadas certas circunstâncias, impendem sobre o Estado obrigações positivas, de *facere*, o que imediatamente conduz a que, nessas circunstâncias, a inacção do Estado possa levar à sua responsabilização[12]. Em quarto lugar, a confirmação da evolução para jurisprudência firme, em sede da ordem jurídica comunitária, de que a acção por incumprimento é a própria para julgar os casos de transposição incorrecta das directivas ou da sua não transposição nos prazos fixados e que ela deve manter-se mesmo nos casos em que o vício que lhe deu origem possa ter sido sanado posteriormente ao prazo fixado em parecer fundamentado[13]. Em quinto lugar, a exigência para os Estados da transposição de todas as disposições das directivas e não apenas de algumas e a impossibilidade de aceitação de regimes transitórios que dispensem o Estado do cumprimento das suas obrigações contidas nas directivas ou delas decorrentes[14].

A "idade da adolescência" do Direito do Ambiente, não tendo cortado todas as amarras que a ligaram á "idade da inocência", limou arestas e introduziu, sobretudo a partir do dito "relatório Brundtland"[15] e dos princípios da integração[16] e do desenvolvimento sustentável[17], elementos novos, de que os instrumentos de tutela não confrontacionais

---

[10] Caso "Terra Woningen B.V. – TEDH – sentença de 17 de Dezembro de 1996.
[11] Caso "Balmer-Schafrot" – TEDH – sentença de 28 de Agosto de 1997.
[12] Caso "Guerra e outros" – TEDH – sentença de 19 de Fevereiro de 1998. Caso "McGinley e Egan" – TEDH- sentença de 9 de Junho de 1998.
[13] Cf. proc. nº C-431/92 e proc. nº C-313/93.
[14] Cf. proc. nº 133/94 e proc. nº 396/92.
[15] Relatório da Comissão Mundial sobre o Ambiente e o Desenvolvimento, de 1987.
[16] Acolhido pelo Acto Único Europeu – artigo 130º R.
[17] Consagrado no Tratado da UE, na sua versão de Maastricht.

são exemplo maior, ao mesmo tempo que tornava firmes as grandes linhas de rumo da jurisprudência ambiental.

C) A "idade adulta" (n. 2004)

Dos diversos instrumentos normativos reveladores da evolução pela qual tem passado o Direito do Ambiente, existem três que se responsabilizam pela constatação certa da chegada deste corpo de normas à "idade adulta". Assente, de resto, em premissas seguras. Por um lado, não seria possível a sua elaboração sem que houvesse um passado já suficientemente sedimentado que os sustentasse. Por outro lado, estes instrumentos são "próprios" do Direito do Ambiente, no sentido de que são sua propriedade, por si gerada e por si gerida. Depois de instrumentos alheios, pedidos de empréstimo a outras áreas jurídicas e depois de uma radical mudança de rumo que abriu as portas a instrumentos voluntários ou aparentados, o Direito do Ambiente acaba de criar instrumentos de cariz repressivo (por oposição aos meios não-confrontacionais), mas adequados às suas especificidades. Isso é próprio da "idade adulta".

Estes instrumentos são três. A saber:

a) a Directiva 2004/35/CE, relativa à responsabilidade ambiental;
b) a nova Lei-Quadro das Contra-Ordenações Ambientais;
c) a Lei-Quadro da Água;.

1. A *Directiva 2004/35/CE;*

Os primeiros passos da regulação jus-ambiental foram fortemente tributários de posturas políticas dirigidas sobretudo contra vertentes em que o Estado intervinha, o que passava completamente ao lado das empresas. A década de 80 veio trazer a consolidação do direito do ambiente, o que foi crucial para evitar o seu desaparecimento. Aqui foi o direito comunitário que prestou às matérias ambientais um contributo decisivo, designadamente através dos Planos comunitários de protecção do ambiente. Por esta altura, as grandes empresas, v.g., as grandes multinacionais, começaram a ser alertadas para o facto e a chamada directiva "Seveso", referente a acidentes industriais, fez tocar a campaínha de alarme. Mas vai ser a década de 90 do século passado que operará a real dogmatização do direito do ambiente, sobretudo na sequência da aprovação e ratificação do Tratado da UE, na sua versão de Maastricht. Nele, na sequência, aliás, do AUE, são consagradas, como já se deixou dito, duas fundamentais linhas de força traçadas pelo princípio da integração (pelo qual as políticas de ambiente devem ser integradas nas demais políticas comunitárias) e pelo princípio do desenvolvimento sustentável (pelo qual o crescimento das gerações presentes só será benéfico se não puser em causa iguais possibilidades para as gerações futuras). Estes dois princípios foram e são centrais para se perceber tudo o resto. As linhas de legislação ambiental, as linhas doutrinárias e as linhas jurisprudenciais, todas e cada uma delas, tiveram e têm em conta o salto qualitativo decorrente destes dois princípios.

Ocorre que o já referenciado desvio da rota inicial, levando à abordagem dos instrumentos não-confrontacionais, não fez perder de vista a necessidade de concretizar realmente o princípio do poluidor--pagador. Seria, contudo, necessário fazê-lo de maneira diversa da inicialmente pretendida. Para isso foram necessários quinze anos de espera até à Directiva 2004/35/CE relativa à responsabilidade ambiental e que dá corpo e concretiza aquele princípio estruturante do direito do ambiente.

Quais são as grandes linhas pelas quais este instrumento normativo comunitário se rege?

Em primeiro lugar o seu campo de aplicação. Reporta-se ele a quase todo o tipo de danos ambientais e à ameaça iminente desses danos, aí incluídos os causados à água, ao solo e às espécies e "habitats" naturais.

Em segundo lugar o âmbito dos sectores abrangidos. São quase todos: as indústrias do sector energético, dos metais, dos minérios, a indústria química, a gestão de resíduos, a exploração de aterros, as descargas poluentes, o represamento de água, o fabrico, uso e transporte de substâncias perigosas ou poluentes e as emissões poluentes. E mesmo no caso de algum sector escapar à malha da directiva, é imediatamente incluído se o operador tiver agido com culpa ou tiver sido negligente.

Em terceiro lugar a matéria da reparação. As acções de reparação são exaustivamente tratadas e sobre os operadores impendem obrigações específicas no caso da ocorrência de danos, atribuindo-se às autoridades competentes poderes coercivos sobre os operadores e determinando que o operador suporte os custos das acções de prevenção e reparação.

Ora, vem a ser, precisamente, no quadro das acções de reparação que o novo regime jurídico prevê a figura das garantias financeiras de cobertura das responsabilidades que, para os operadores económicos e financeiros, decorram desta mesma directiva[18]. Fica estipulado que:

"1. Os Estados-Membros devem tomar medidas destinadas a incentivar o desenvolvimento, pelos operadores económicos e financeiros devidos, de instrumentos e mercados de garantias financeiras, incluindo mecanismos financeiros em caso de insolvência, a fim de permitir que os operadores utilizem garantias financeiras para cobrir as responsabilidades que para eles decorrem da presente directiva.

2. Antes de 30 de Abril de 2010, a Comissão apresentará um relatório sobre a eficácia da presente directiva em termos de reparação efectiva dos danos ambientais, assim como a disponibilidade a custos razoáveis e sobre as condições dos seguros e outros tipos de garantia financeira para as actividades abrangidas pelo Anexo III. O relatório abordará também, em relação à garantia financeira, os seguintes aspectos: uma abordagem gradual, um limite máximo para a garantia e a exclusão das actividades de baixo risco. Em função desse relatório e de uma avaliação de impacto alargada, incluindo uma análise custos / benefícios, a Comissão apresentará, se adequado, propostas sobre um sistema harmonizado de garantias financeiras obrigatórias". Trata-se, como bem se percebe, de uma das mais delicadas matérias sobre a qual se debruça a directiva. De um modo geral, o mercado dos seguros ambientais exige calma e etapas bem doseadas, sendo óbvia, porém, a pertinência e a importância do tema. O desincentivar de comportamentos negligentes, mediante a aplicação de prémios diferenciados para operadores mais merecedores de confiança, a redução da carga burocrática em processos complexos

---

[18] Cf. artigo 14º da Directiva.

e a redução de litigiosidade judicial em caso de sinistro são, normalmente, apontados como pontos positivos deste tipo de instrumentos. Mas é certo, independentemente das diversas denominações que a matéria conhece nos vários países, que se trata de temática a equacionar com o maior cuidado. Neste contexto, a directiva é prudente, limitando-se, por agora, a dizer que os Estados-membros devem incentivar os operadores a usarem instrumentos e mercados de garantias financeiras para cobertura de responsabilidades. Não se consagrou, assim, a obrigatoriedade de constituição daquelas garantias neste momento. Mas como a directiva fixou meta precisa (30 de Abril de 2010) para proceder à avaliação da sua eficácia na reparação efectiva dos danos ambientais e o diz no mesmo artigo em que estatui aquela garantia financeira, não sofre a mais pequena dúvida que qualquer aferição de menor eficácia do instrumento legal conduzirá, fatalmente, aquela obrigatoriedade. Obrigatoriedade que, aliás, é expressamente referenciada no nº 2 da disposição – " (...) a Comissão apresentará, se adequado, propostas sobre um sistema harmonizado de garantias financeiras obrigatórias".

A directiva em questão foi publicada e entrou em vigor. O prazo para a transposição para os direitos internos termina no dia 30 de Abril de 2007 mas a directiva poderá ser invocada em juízo, após esse prazo, independentemente da sua transposição, no que respeita às suas disposições precisas e incondicionais.

2. A nova Lei-Quadro das Contra-Ordenações Ambientais;

No mesmo registo da directiva acima referenciada – que vem a ser um registo de adequação da regulação jurídica às matérias ambientais – a nova lei-quadro das contra-ordenações ambientais, aprovada na AR no início de Janeiro de 2006, constitui um diploma de fundamental importância, inserido num vasto conjunto de produção legiferante no âmbito das políticas de ambiente e desenvolvimento sustentável, das políticas de ordenamento do território e conservação da natureza e das políticas de recursos hídricos. Carecendo, agora, de decreto-lei que concretize as grandes linhas de orientação que prevê, a nova lei-quadro vem colmatar uma significativa lacuna, pois que, até aqui, era necessário lançar mão do regime geral das contra-ordenações, muitas vezes desadequado à especificidade das questões e matérias ambientais.

De todo o complexo normativo que a lei-quadro consubstancia, há que realçar as suas principais coordenadas. São cinco.

Em primeiro lugar, opera-se a classificação das contra-ordenações[19]. Tendo em atenção o critério da relevância dos direitos e interesses violados, as contra-ordenações são classificadas em leves, graves e muito graves, o que é essencial para a determinação da coima aplicável. Naturalmente diferentes são as coimas aplicadas a pessoas singulares ou a pessoas colectivas e consoante tenham agido com dolo ou com negligência.

Em segundo lugar, o montante das coimas é muito significativo. Podem ir[20], para as pessoas singulares, de um mínimo de 500.00 € – infracção leve praticada com negligência – até a um máximo de 37500.00 € – infracção muito grave praticada com dolo. E, para as pessoas colectivas, podem ir de um mínimo de 9000.00 € – infracção leve praticada com negligência – até a um máximo de 2500000.00 € – infracção muito grave praticada com dolo. Há, todavia, que ter em conta os critérios especiais de medida da coima que a lei prevê e que, no caso das contra-ordenações muito graves, eleva para o dobro os seus limites mínimo e máximo[21].

Em terceiro lugar, são pesadas as sanções acessórias[22] que podem ser accionadas simultaneamente com a coima, para o caso das infracções graves e muito graves. Elas podem traduzir-se na privação de subsídios, benefícios, participação em feiras ou mercados nacionais ou internacionais, perda de benefícios fiscais, cessação ou suspensão de licenças, selagem de equipamento ou encerramento de estabelecimento. Podem também traduzir-se na interdição do exercício de profissão ou actividades cujo exercício dependa de título público ou de autorização ou homologação de autoridade pública – o que não deixa de colocar, para algumas destas hipóteses, a questão da constitucionalidade da medida. E podem ainda ter como tradução,

---

[19] Cf. artigo 21º.
[20] Cf. artigo 22º.
[21] Cf. artigo 23º.
[22] Cf. artigos 29º e ss.

para os casos de flagrante e grave abuso de função, a interdição temporária, até ao limite de três anos, do exercício da profissão ou da actividade a que a contra-ordenação respeita.

Em quarto lugar, é criado um cadastro nacional de infractores[23], balizado pelos princípios da legalidade, veracidade e segurança das informações recolhidas e que tem por objecto o registo e tratamento das sanções principais e acessórias, bem como de medidas cautelares.

Como quinta coordenada, destaca-se a criação de um Fundo de Intervenção Ambiental[24] que arrecada 50% das receitas provenientes das coimas aplicadas e que se destina a prevenir e reparar danos resultantes de actividades lesivas para o ambiente e cuja proximidade com as garantias financeiras previstas da directiva sobre responsabilidade ambiental se torna evidente, parecendo caminhar-se em direcção unívoca quanto a esta matéria.

Para lá destas principais vertentes do diploma, a lei-quadro ocupa-se também da definição de contra-ordenação ambiental[25], da aplicação no tempo e no espaço[26], do momento e do lugar da prática do facto[27], da punibilidade por dolo ou por negligência[28], da punibilidade da tentativa (no caso das infracções graves e muito graves)[29], da responsabilidade solidária[30], do direito de acesso por parte das autoridades administrativas em funções inspectivas[31] e, "the last but not the least", do cumprimento, para lá do pagamento da coima, do dever omitido, se este ainda for possível, o que, sem dúvida, releva das situações em que ocorre uma obrigação positiva, de facere, e na qual a omissão do dever de agir é objecto de punição[32].

É particularmente tentador, face à presente lei-quadro, vir dizer que a regulação jurídica das matérias ambientais regressou à idade da "pedra lascada", se por "pedra lascada" entendermos um posiciona-

---

[23] Cf. artigos 61° e ss.
[24] Cf. artigos 68° e ss.
[25] Cf. artigo 1°.
[26] Cf. artigos 4° e 5°.
[27] Cf. artigos 6° e 7°.
[28] Cf. artigo 9°.
[29] Cf. artigo 10°.
[30] Cf. artigo 11°.
[31] Cf. artigo 18°.
[32] Cf. artigo 24°.

mento repressivo. É o mesmo que sustentar que a tese que defende que as empresas se devem tornar "players" nas questões de ambiente falhou e que, por isso, se regressou à punição. Mas esta tentação é demasiado simples e não corresponde, de resto, à verdade.

Mais próximos andaremos dela se virmos esta lei-quadro inserida numa "política de tenaz". Em determinados domínios, devem ser accionados meios não confrontacionais, instrumentos de persuasão, de sedução, trazendo as empresas para as matérias ambientais e trabalhando com elas essas matérias. Noutros domínios, em que os meios não confrontacionais são desadequados, é necessário um instrumento legiferante punitivo, como é o caso da presente lei-quadro.

Não se trata, assim, de regressar ao passado. Porque no princípio da regulação jurídica das matérias ambientais, como se viu, os instrumentos de tutela foram pedidos de empréstimo a outras vertentes do Direito e rapidamente se mostraram desfazados porque alheios a elas. Agora, é de instrumentos próprios que falamos. Instrumentos criados de raiz para a regulação das matérias ambientais. É uma nova fase. Própria da "idade adulta" do Direito do Ambiente.

3. *A Lei-Quadro da Água;*

Outra das matérias que conheceu recente trabalho legiferante veio a ser a da água, objecto de Lei-Quadro[33] que, aliás, transpôs para o direito português a Directiva-Quadro da Água[34].

Em matéria de antecedentes mais remotos[35], remontam eles ao princípio do século passado ou mesmo aos finais do século XIX.

---

[33] Cf. Lei nº 58/2005, de 29 de Dezembro.
[34] Cf. Directiva 2000/60/CE, de 23 de Outubro.
[35] Se se percorrerem os principais antecedentes da regulação jurídica em matéria ambiental, a água desempenha aí um papel preponderante. Para só referenciar os mais relevantes, em sede histórica e no Direito Internacional, em 1909 é celebrado Tratado entre os EUA e o Reino Unido relativo às águas fronteiriças entre os EUA e o Canadá. Na década de 50, é assinado Protocolo que envolve a Bélgica, França e Luxemburgo relativo à poluição das águas continentais. A Convenção de Londres de 1954 visa prevenir a poluição do mar por hidrocarbonetos. Em 1968, o Conselho da Europa adopta a Carta Europeia da Água.
Já no final do século XX, a água foi, de novo, a figura central do Convénio Luso--Espanhol de 1998 que, ao menos em tese, veio enquadrar a questão e foi responsável,

Mas, à semelhança do que sucedeu com outras áreas e sub-áreas jurídicas, também aqui se deve assinalar uma profunda mudança com a regulação operada pela ordem jurídica comunitária. Pois o que antes era matéria do foro do direito privado ou do foro do direito público do Estado, passou a ser, com a ordem jurídica comunitária, objecto de tratamento num plano de integração à escala europeia. Historicamente considerada, a política comunitária no que respeita à água, conheceu duas "vagas" legislativas. A primeira dessas "vagas" consistiu na adopção de uma série de disposições com objectivos qualitativos. Aqui se incluem, nomeadamente, a directiva sobre águas de superfície, a directiva sobre águas balneares, a directiva sobre águas destinadas à vida dos peixes, a directiva sobre águas destinadas ao consumo humano e a directiva sobre águas subterrâneas. Quer isto significar que, em cinco anos, a política comunitária da água estava desenhada nos seus contornos mínimos. Na sequência do seminário ministerial de Frankfurt consagrado à água (1988), surgiu uma segunda "vaga" legislativa, visando introduzir melhorias na legislação existente. Assim surge a directiva sobre o tratamento de águas urbanas residuais, e a directiva sobre nitratos. Em 1991, o seminário ministerial da Haia contribuiu para o desenvolvimento da

---

noutras latitudes, pelo nascimento de novos instrumentos de tutela ambiental, como o instituto da mediação ambiental, que foi capaz, no continente americano, de resolver litígios pendentes em torno de barragens e cursos de água.

No plano do direito nacional, os antecedentes remontam aos finais do século XIX, sendo já então tratadas as bacias hidrográficas no âmbito do Regulamento dos Serviços Hidráulicos de 19 de Dezembro de 1892. Posteriormente, em 1919, o Decreto-Lei nº 5.787-IIII, de 10 de Maio, distinguia o domínio público e o domínio particular das águas e regulamentava exaustivamente a matéria sobre águas, sendo sucessivamente aperfeiçoado em vários dos seus ditames por regulamentação ulterior. Pelo Decreto-Lei nº 468 / 71 de 5 de Novembro, procedia-se à revisão, actualização e unificação do "regime jurídico dos terrenos incluídos no que se convencionou chamar o domínio público hídrico", entretanto objecto de revisão pontual pelo Decreto-Lei nº 53 / 74, de 15 de Fevereiro. Já na década de 90 do século passado, procedeu-se à regulação do "regime de bens do domínio público hídrico do Estado, incluindo a respectiva administração e utilização" pelo Decreto -Lei nº 70/90, de 2 de Março, ao "processo de planeamento de recursos hídricos e elaboração e aprovação dos planos dos recursos hídricos" pelo Decreto-Lei nº 45 / 94, de 22 de Fevereiro e, ainda, à definição do "regime da utilização do domínio hídrico, sob jurisdição do Instituto da Água" pelo Decreto-Lei nº 46 / 94, também, de 22 de Fevereiro. O Decreto-Lei nº 468/ 71, já referenciado, viria a ser objecto de mais uma alteração, já em 2003, pela Lei nº 16/2003, de 4 de Junho.

política comunitária da água através de um detalhado programa de acção em vista da protecção e gestão das águas subterrâneas, integrado numa política global de protecção da água. A proposta da Comissão foi adoptada em 1996 , tendo, por outro lado, apresentado propostas de revisão da directiva sobre águas balneares e sobre água potável. No ano seguinte chegou-se à directiva 96/61/CE relativa à prevenção e redução integradas da poluição. Considerando com clareza que "a água não é um produto comercial como outro qualquer, mas um património que deve ser protegido, defendido e tratado como tal" e fazendo expressa referência ao seminário ministerial de Frankfurt e ao seminário ministerial da Haia de que é tributária, surge, em 2000, a Directiva-Quadro da Água – a directiva 2000/60/CE, do PE e do Conselho, de 23 de Outubro[36]. A Directiva-Quadro, como é próprio, respeita às grandes coordenadas da política comunitária da água ou, como é expressamente dito, aos "princípios básicos de uma política sustentável da água na União Europeia". E abre, como é devido, com o seu objectivo, que é também o seu objecto, e que vem a ser o de "estabelecer um enquadramento para a protecção das águas de superfície interiores, das águas de transicção, das águas costeiras e das águas subterrâneas". Como é normal nos normativos jus-ambientais, segue-se o elenco das definições usadas no instrumento legiferante[37].

---

[36] A Directiva – Quadro propõe-se contribuir, ainda, para que os Estados membros possam cumprir as suas obrigações decorrentes dos compromissos firmados ao longo dos anos e dos quais se destacam os decorrentes da Convenção para a protecção do meio marinho na zona do mar Báltico, assinada em Helsínquia em 9 de Abril de 1992, a Convenção para a protecção do meio marinho do Atlântico Nordeste, assinada em Paris em 22 de Setembro de 1992 e a Convenção para a protecção do mar Mediterrâneo, assinada em Barcelona em 16 de Fevereiro de 1976, bem como do seu Protocolo relativo à protecção do mar Mediterrâneo contra a poluição de origem telúrica, assinado em Atenas em 17 de Maio de 1980.

[37] Da extensa listagem – 41 conceitos – vale registar, precisamente, as definições respeitantes ao objecto da DQA. Assim, por águas de superfície interiores, o legislador comunitário entende as "águas interiores, com excepção das águas subterrâneas, das águas de transicção e das águas costeiras, excepto no que se refere ao estado químico". Por águas de transicção, o legislador entende as "massas de água de superfície na proximidade da foz dos rios, que têm um carácter parcialmente salgado em resultado da proximidade de águas costeiras, mas que são significativamente influenciadas por cursos de água doce". As águas costeiras, por seu turno, são definidas como "as águas de superfície que se encontram entre terra e uma linha cujos pontos se encontram a uma distância de uma milha náutica, na direcção do mar, a partir do ponto mais próximo da linha de base de delimitação das águas

Dando-se conta de que "as decisões deverão ser tomadas tão próximo quanto possível dos locais em que a água é efectivamente utilizada ou afectada", a DQA assenta no conceito de bacia hidrográfica e por ela entende a "área terrestre a partir da qual todas as águas fluem, através de uma sequência de ribeiros, rios e eventualmente lagos para o mar, desembocando numa única foz, estuário ou delta". É a partir deste conceito que é construído o edifício do normativo comunitário, desde logo no que se refere à coordenação das disposições administrativas a aplicar nas diversas regiões hidrográficas bem como aos objectivos ambientais, a partir da garantia de "operacionalidade dos programas de medidas especificados nos planos de gestão de bacias hidrográficas". É ainda a região hidrográfica que serve de base à análise do impacto ambiental da actividade humana e à análise económica da utilização da água.

A DQA assinala, ao longo do seu normativo, as tarefas cominadas aos Estados-membros. De todas, vale assinalar as que consistem em assegurar a elaboração de registos de todas as zonas abrangidas pelas respectivas regiões hidrográficas, as de identificação e monitorização, em cada região hidrográfica, das massas de água destinadas a diversos fins, as de elaboração de programas de monitorização do estado das águas, detalhadamente considerados para as águas de superfície e subterrâneas, as de elaboração de programas de medidas "básicas" e "suplementares" para cada região hidrográfica, as de feitura de planos de gestão de bacia hidrográfica para cada região hidrográfica inteiramente situada no seu território e, por fim, as de garantia de incentivo à informação e participação do público, especialmente no que concerne à elaboração, revisão e actualização dos planos de gestão das bacias hidrográficas.

De igual modo, cumpre realçar o relevo que a Directiva entendeu atribuir às estratégias de combate à poluição da água. Destaque especial merece a definição de uma lista prioritária de substâncias de entre as quais as que apresentem um risco significativo para o ambiente aquático ou por seu intermédio, sendo que, no dizer do texto normativo comunitário, "a prioridade das substâncias para efeitos de

---

territoriais, estendendo-se, quando aplicável, até ao limite exterior das águas de transicção" .
Por fim, as águas subterrâneas são "todas as águas que se encontram abaixo da superfície do solo na zona de saturação e em contacto directo com o solo ou com o subsolo" .

tomada de medidas será estabelecida com base no risco que representam para o meio aquático ou por seu intermédio", risco determinado por procedimentos no normativo previstos. O lapso de tempo para a revisão da lista prioritária adoptada é fixado em quatro anos, sendo esse também o lapso de tempo para as revisões sucessivas. Ocorre não ficar por aqui a importância da lista prioritária. É que, no âmbito do tratamento dado à revogação de disposições e às disposições transitórias, a lista prioritária a que se reporta o artigo 16º é uma das disposições transitórias aplicável à Directiva 76/464/CEE . De resto, neste âmbito, as revogações ocorrem em duas "levas" – uma "com efeitos sete anos a contar da data de entrada em vigor da presente directiva" (22 de Dezembro de 2000) e outra "com efeitos treze anos a contar da data de entrada em vigor da presente directiva" (22 de Dezembro de 2000). Neste último caso se insere a directiva 76/464/CEE, já referenciada, revogada a partir de 2013 e à qual, transitoriamente, se aplicam disposições previstas na DQA. Finalmente, anote-se a referência às sanções previstas neste instrumento normativo comunitário e que, como é próprio de uma Directiva-Quadro, faz remeter para a sua fixação pelos Estados-membros no caso de infracção às disposições nacionais adoptadas nos termos da directiva. A DQA limita-se a referir que essas sanções "devem ser eficazes, proporcionadas e dissuasivas".

Ora, é neste enquadramento central e na sequência da Directiva-Quadro que, muito embora com atraso, surge a Lei-Quadro da Água – a Lei nº 58/2005, de 29 de Dezembro.

A Lei divide-se em dez Capítulos, estende-se por 107 disposições e dedica especial atenção ao "ordenamento e planeamento dos recursos hídricos", matéria versada no seu Capítulo III. São também objecto de atenção especial os "objectivos ambientais e a monitorização das águas" versados no Capítulo IV, a informação e participação do público tratadas no Capítulo VIII, a matéria da fiscalização e sanções, ambas previstas no Capítulo IX e as disposições finais e transitórias, aqui com especial relevo, visadas no Capítulo X . De referenciar, igualmente, a atenção que o legislador prestou ás definições usadas no diploma. Constam elas do disposto no artigo 4º e estendem-se ao longo de uns 57 exaustivos "items". O âmbito do diploma é o mais abrangente possível abarcando "a totalidade dos recursos hídricos (...) qualquer que seja o seu regime jurídico" embora o regime legal não prejudique "a aplicação dos regimes especiais relativos, nomeadamente, às águas para consumo humano, aos recursos hidrominerais geotécnicos e águas de nascente, às águas destinadas a fins terapêuticos e às águas que alimentem piscinas e outros recintos de diversões aquáticas".

Duas disposições merecem especial referência. São as contidas nos artigos 13.º (em conjugação com o artigo 80.º) e 44.º da Lei. O artigo 13.º dispõe:

"1 – Nas áreas do domínio público hídrico afectas às administrações portuárias, a competência da ARH para licenciamento e fiscalização da utilização dos recursos hídricos considera-se delegada na administração portuária com jurisdição no local, sendo definidos por portarias conjuntas dos Ministros das Obras Públicas, Transportes e Comunicações e do Ambiente, do Ordenamento do Território e do Desenvolvimento Regional os termos e âmbito da delegação e os critérios de repartição das respectivas receitas.

2 – As portarias previstas no número anterior constituem igualmente título de utilização dos recursos hídricos pela administração portuária, fixando as respectivas obrigações e condicionamentos, de acordo com um regime equiparado, para este efeito, ao regime dos empreendimentos de fins múltiplos previstos no artigo 76.º

3 – O exercício pelas administrações portuárias das competências delegadas nos termos do n.º 1 observa as regras decorrentes da presente lei e dos planos aplicáveis e as orientações do delegante, sem prejuízo da respectiva avocação em casos devidamente justificados e as regras especiais a definir nos termos do n.º 4 do artigo 80.º"' Esta disposição alberga, assim, o regime segundo o qual "nas áreas do domínio público hídrico afecta às administrações portuárias, a competência da Administração da Região Hidrográfica (ARH) para licenciamento e fiscalização da utilização dos recursos hídricos considera-se delegada na administração portuária com jurisdição no local (...)". Por outro lado, quanto ao lançamento e cobrança da taxa de recursos hídricos, a lei estabelece que "pode ser aplicado um regime especial às administrações portuárias, a aprovar por decreto-lei". Diga-se, ainda, que fica previsto que "a presente lei não afecta as competências legais da Autoridade Marítima Nacional nem as competências legais no domínio da segurança marítima e portuária das autoridades marítimas e portuárias" . A segunda disposição referen-

ciada – contida no artigo 44º da Lei – acolhe, como norma excepcional, a declaração de estado de emergência ambiental. Esta norma permite que se acolham regimes restritivos, suspensivos e cautelares, que devem, de resto, ser olhados à luz do regime geral do "estado de necessidade" como causa de exclusão de eventual ilicitude[38].

Conclusões

Não parece ser já possível, hoje, o que há relativamente pouco tempo era, teoricamente, concebível: abarcar a totalidade das matérias com que lida o Direito do Ambiente. Esta constatação traduz a complexidade crescente das questões ambientais e a necessidade da correspondente regulação jurídica. Mas traduz, também, a crescente especialização de cada uma das matérias, as suas implicações em matérias reguladas e a regular e as respectivas consequências dentro e fora das matérias ambientais.

As novas necessidades requerem novas respostas. O que se tem vindo a assistir reporta a três patamares que, sendo autónomos, concorrem para a "idade adulta" do Direito do Ambiente. A saber:

a) uma legislação cada vez mais sofisticada que colhe a montante os ensinamentos do princípio da precaução e que atribui importância crescente a medidas de acção preventiva (de que é exemplo maior o princípio e procedimento da avaliação de impacto ambiental) mas também a medidas de cariz repressivo (concretizando nesta vertente o princípio do poluidor-pagador com a directiva sobre responsabilidade ambiental e a lei-quadro das contra-ordenações ambientais);

b) um conjunto de instrumentos de tutela cada vez mais diversificado, combinando instrumentos não confrontacionais ou voluntários com instrumentos sancionatórios à maneira clássica;

c) uma jurisprudência com linhas de rumo cada vez mais firmes, com desenvolvimentos interessantes de conceitos conhecidos e o surgimento de novos, v.g., novos conceitos jurídicos indeterminados;.

---

[38] Na sequência e à luz do Acórdão do TIJ no caso Gabcikovo-Nagymaros (1997).

Sabe-se já que o Direito do Ambiente não está sózinho nem pode gerir as situações que se lhe colocam só. No imediato há que gerir binómios, dos quais o mais visível, pelo passado remoto e recente e pelas circunstâncias actuais, é o binómio ambiente / energias renováveis. A difícil regulação jurídica deste binómio não passa apenas pela elaboração da Lei ou do Decreto Lei respectivos mas estende-se até à Portaria necessária para cada caso. No momento em que o Estado se apercebeu que precisa das empresas neste particular domínio, o legislador tem de ter especial atenção ao modo como regula, sob pena de afastar os diversos sectores abrangidos por essa regulação. Outros binómios se perfilam, como o binómio ambiente/ordenamento do território ou o que se estabelece em sede de ambiente/urbanismo, cabendo perceber, quanto ao primeiro, não ser desejável equacionar uma das partes sem a outra e havendo que explicar, quanto ao segundo, não ser recomendável identificar umas das partes contra a outra.

Tudo novas tarefas para este direito novo. Eis porque, chegado à "idade adulta", o Direito do Ambiente tem de continuar a descobrir, como se ainda estivesse na fase "da inocência" e tem de continuar a motivar-se, como se ainda se deslumbrasse com a fase da "adolescência".

Lisboa, Maio de 2006

MÁRIO DE MELO ROCHA
Mestre em Direito
Docente da Universidade Católica Portuguesa
Jurisconsulto Simmons & Simmons Rebelo de Sousa

TRIBUNAL ADMINISTRATIVO DO CÍRCULO DE LISBOA

Int. 871/01 (3ª)

com sede em Lisboa, veio requerer, ao abrigo do art. 62 n.º 1 do Decreto-Lei n.º 445/91 de 20.11 a intimação do Presidente da Câmara Municipal de Lisboa a proceder à emissão do alvará de licença de construção de duas torres de escritórios sobre o edificio já existente na sub-unidade de gestão 1.1 constituída pelo Plano de Pormenor do Eixo Urbano Luz-Benfica, no âmbito do processo n.º 610/0B/00, alegando em síntese que, se formou acto tácito de deferimento do pedido de licenciamento de construção para as duas torres de escritórios apresentado em 29.3.2000 com as alterações introduzidas em 14.11.2000, por falta de deliberação atempada da CML sobre o mesmo, e que a autoridade requerida não procedeu à emissão do alvará de licença de construção após ter junto aos processo o comprovativo do pagamento das taxas devidas pela sua emissão (através de garantia bancária a favor da CML por falta de decisão atempada sobre o pedido de liquidação das taxas devidas pela emissão do alvará, que também já havia solicitado).

O Presidente da Câmara Municipal de Lisboa notificado, nada veio dizer, tendo junto aos autos o processo instrutor.

O Ministério Público ernitiu parecer no sentido do deferimento do pedido, por se mostrarem verificados todos os pressupostos legalmente exigidos e o pedido mostrar-se devidamente instruído.

*

O Tribunal é competente.

Requerente e requerido têm personalidade e capacidade judiciárias e são dotados de legitimidade,

Não existem nulidades, excepções ou questões prévias que obstem ao conhecimento do mérito.

Considero assentes os seguintes factos com relevância para a decisão:
Por requerimento de 29.3.2000 a requerente dirigiu ao Presidente da Câmara Municipal de Lisboa o seguinte requerimento:
"........................, *pessoa colectiva n.º (...) com sede na ...., em Lisboa, freguesia de Benfica, na qualidade de proprietária, vem requerer a V Exa., em conformidade com o disposto no art. 14 e ss. do Decreto-Lei n.º 445/91 de 29 de Novembro, com as alterações introduzidas pelo Decreto-Lei n.º 250/94 de 15 de Outubro, e com a Lei n.º 22/96 de 26 de Julho, o licenciamento da obra de expansão do centro Colombo que pretende realizar o que consiste na construção de duas torres de escritório sobre o edifício já existente na sub-unidade de gestão 1.1 constituída pelo Plano de Pormenor do Eixo Urbano Luz-Benfica, publicado no D.R. II Série de 97.03.24.*

Instruem este requerimento, os seguintes elementos:
– Documento comprovativo da legitimidade do requerente;
– Projecto de arquitectura, que inclui Memória Descritiva e Justificativa e Plantas, Cortes e Alçados do edifício à escala 1/200;
– Plantas de implantação à escala 1/1000;
– Termo de responsabilidade;
– Estimativa do custo total da obra;
– Calendarização da execução da obra;
– Por indicação da Sra. Eng. Isabel cabido apenas se entregam 2 cópias do processo. Não se entrega planta de zona de protecção. igualmente não se entrega ficha de segurança porjã existir no processo inicial.

Pede deferimento." – Cfr. processo instrutor apenso e fls. 19 dos autos;

2. Sobre tal requerimento, por uma arquitecta da Câmara Municipal foi elaborada com data de 26.9.2000 a seguinte informação (n.º 16$212000):

"Na sequência da consulta promovida à ANA, vem aquela entidade pronunciar-se desfavoravelmente à pretensão, de acordo com o ofício a fls. 192 do p.p., informando que as cotas absolutas dos edifícios pretendidos são mais elevadas que as cotas absolutas das zonas de servidão aeraráutica em causa, pelo que "...nos termos propostos as construções não são viáveis do ponto de vista da servidão aeronáutica do Aeroporto de Lisboa":

Acresce que a projecto se apresenta insuficientemente definido, conforme anteriormente assinalado quando do saneamento a fls. 121.

A revisão da ampliação deverá ser referenciada às cotas dos arruamentos envolventes (constantes da Plano de Pormenor) bem como à cota da última laje da edificação concluída (Centro Comercial).

Deverá ainda apresentar-se ampliação do núcleo tipo de acessos verticais à escala 1/100, bem como do piso/laje tipo (definição de pé direito) e indicarem se as cotas altimétricas de esteira, cimalha e cumeeira.

Conclui-se que o exposto é motivo para o indeferimento do pedido, ao abrigo do disposto nas alíneas c) e g) do n.º 1 do art. 63 do Decreto-Lei n.º 445/91 de 20/11, com a nova redacção dada pelo Decreto-Lei n.º 250/94 de 15/0.

À consideração superior." – Cfr. P.I. apenso e fls. 97 dos autos;

3. Sobre tal informação foram proferidos os seguintes despachos: *"Ao Exmo. Director. Concordo. 27.9.2000. O Chefe de Divisão.* Ass. Ilegível" e *"À zona 1. Concordo. Notifique-se o requerente nos termos dos arts. 100 e 101 do C.P.A. 6.10.00* Ass. Ilegível" Idem;

4. A requerente foi notificada do projecto de decisão supra, para sobre ele se pronunciar no prazo de dez dias, pelo ofício n.º 1064//AUZOC/2000 de 12.10.2000, – Cfr. p.i., apenso e fls. 96 dos autos;

5. Tendo-se pronunciado por requerimento recebido em 30.10.2000, requerendo afinal *o prosseguimento do legais termos do processo, com a aprovação dos projectos e emissão da respectiva licença de construção, sem prejuízo da disponibilidade para reunir com os serviços para prestar os esclarecimentos julgados necessários, sempre no respeito dos prazos previstos na lei.* – Cfr. p.i. apenso e fls. 98 a 107 dos autos;

6. For requerimento recebido em 14.11.2000, a requerente requereu ao Presidente da Câmara Municipal de Lisboa o seguinte:

"1. Na sequência da proposta de indeferimento do processo de licenciamento à margem referenciado, apresentou a requerente, em conformidade com o art. 100 e ss. do CPA, a sua resposta em audiência prévia.

2. Recorde-se que a proposta de indeferimento dessa Câmara Municipal era sustentada numa consulta promovida à ANA, S.A, que se tinha pronunciado desfavoravelmente ao licenciamento em causa informando que as cotas absolutas dos edifícios pretendidos são mais elevadas que as cotas das zonas de servidão aeronáutica em causa, pelo que nos termos propostos as construções não seriam viáveis do ponto de vista da servidão aeronáutica do Aeroporto de Lisboa.

3. Ora, não obstante considerarmos incorrecto o entendimento preconizado pela ANA, S.A. e por essa Câmara Municipal, conforme resulta da exposição entregue em 30 p.p, e que se dá por integralmente reproduzida, em face dos prejuízos avultados que resultariam de um atraso no referido processo de licenciamento para a requerente, vimos pela presente requerer a V. Éxa. a substituição dos elementos desenhados do projecto de arquitectura em apreço pelos elementos desenhados revistos que ora se juntam.

4. Refira-se que os elementos desenhados ora apresentados, estão em conformidade com a consulta/parecer da ANA, S.A., sendo que as alterações introduzidas se traduzem numa redução da cota para 145 nas Torres a construir.

5. Assim, parecem-nos preenchidas todas as condições para que o licenciamento em causa seja celeremente aprovado, disponibilizando-se, desde já, esta Sociedade para prestar todos os esclarecimentos adicionais que V. Exa. entenda pertinentes.

6. A apresentação destes novos elementos, com a redução da cércea das Torres em causa, não envolve qualquer renúncia da ora Requerente aos direitos de construção que lhe estão assegurados pelo Plano de Pormenor do Eixo Urbano Luz/Benfica e pelo licenciamento inicial do Complexo Colombo, visando evitar largos e extensos prejuízos com a paralização ou suspensão do processo de construção das referidas Torres, pelo que a ora requerente se reserva o direito de em sede de projecto de alterações vir a recuperar a área correspondente aos pisos das Torres agora eliminados.

Nestes termos, requer-se a V. Exa., a substituição dos elementos desenhados do projecto de arquitectura em apreço pelos que ora se juntam e anexo.

Mais se requer que o presente processo de licenciamento prossiga os seus termos legais, com a aprovação dos projectos e emissão da respectiva licença de construção." – Cfr. p.i. apenso e fls., 110 a 112 dos autos;

7. A Câmara Municipal de Lisboa não deliberou sobre o projecto de arquitectura – Cfr. p.i. apenso;
8. Por requerimento recebido em 23.4.2001, a requerente dirigiu ao Presidente da Câmara Municipal de Lisboa o seguinte requerimento:
"Empreendimentos Imobiliários Colombo, S.A."; pessoa colectiva n.º (...) com sede na Av: Lusíada, Letras CC em Lisboa, freguesia de Benfica, na qualidade de proprietária, vem, nos termos do artigo 17.º-A do Decreto-lei n.º 445/91 de 20 de Novembro, alterado pelo Decreto-Lei n.º 250/94 de 15 de Outubro, e pela Lei n.º 22/96 de 26 de Julho, e em sequência do pedido de aprovação do projecto de arquitectura relativo à construção de duas torres de escritórios sobre o edifício já existente (Centro Colombo), na sub-unidade de gestão 1.1. constituída pelo Plano de Pormenor do Eixo Urbano Luz-Benfica, publicado no D.R., II Série, de 97.03.24, Processos n.º 610//OB/2000 e 3091/URBAN/DIV/2000, requerer a V. Exa. a aprovação dos respectivos projectos de especialidades.

Instruem este requerimento os seguírites elementos:
a) Projecto de Alimentação e Distnbuição de Energia Eléctrica;
b) Projecto de Instalação de Gás;
c) Projecto da Rede de Águas;
d) Projecto da Rede de Esgotos;
e) Projecto da Rede de Incêndios;
f) Projecto de Instalações telefónicas e de telecomunicações;
g) Projecto de Verificação do SERCE;
h) Projecto de Instalações electromecânicas de Transporte de pessoas e/ou mercadorias;
i) Projecto de Segurança contra incêndios;
j) Projecto de Verificação do Regulamento Geral sobre o Ruído;
k) Projecto de Verificação do RCCTE;
l) Projecto de Estruturas.
Pede deferimento;" – Cfr. p.i. apenso e fls. 147 dos autos;
9. Por requerimento recebido em 2.5.2001, a requerente requereu ao Presidente da Câmara Municipal de Lisboa *"em sequência do pedido de aprovação do projecto de arquitectura e dos respectivos projectos de especialidades entregues na Câmara Municipal de Lisboa em 23 de Abril de 2001, relativos à construção de duas torres de escritórios sobre o edifício já existente (Centro Colombo) (...) a*

aprovação do Projecto das Instalações e Equipamentos de Abastecimento de Águas Quentes e Frias relativo ás referidas torres."; por requerimento datado de 8.5.2001, *"a aprovação do Projecto de Instalações Electromecânicas de Transporte (Elevadores)"* e por requerimento de 8.6.2001 a requerente juntou o projecto de incêndio aprovado. – Cfr. p.i. apenso e fls. 149, 152 e 155 dos autos;

10. A Câmara Municipal de Lisboa não deliberou sobre o pedido de licenciamento – Cfr. p.i. apenso;

11. Por requerimentos de 17.8.2001 enviados por carta registada com a/r, recebidos pela Câmara Municipal de Lisboa em 22.8., a requerente requereu ao Presidente da Câmara Municipal de Lisboa "na sequência do pedido de *aprovação dos projectos de especialidades (...) a emissão do Alvará de Licença de Construção nos termos do Decreto-Lei n.º 445/91 de 20 de Novembro, alterado pelo Decreto-Lei n.º 254/94 de 15 de Outubro, juntando para o efeito os elementos estabelecidos no art. 4 da Portaria n.º 115-B/94 de 15 de Dezembro"* e, *"na sequência do pedido nesta mesma data requerido, de emissão do alvará de Licença de Construção relativo à construção de duas torres de escritórios sobre o edifício já existente (Centro Colombo) (...) que sejam postas a pagamento as taxas devidas nos termos da lei pela concessão da licença de construção, e emissão do respectivo alvará, das referidas torres de escritórios* – Cfr. p.i. apenso e fls. 156 a 161 dos autos;

12. O pedido de liquidação das taxas devidas, supra referido, não foi apreciado. – Cfr. p.i. apenso;

13. Em 11 de Setembro de 2001 o Banco Comercial Português, S.A., declarou, pelo documento designado "garantia bancária n.º 320.02.0552511" e a favor da Câmara Municipal de Lisboa, constituir-se garante e principal pagador, com expressa renúncia ao benefício de excussão, da quantia de dez milhões setecentos mil e cinquenta escudos, afim de garantir o bom pagamento das taxas devidas pela emissão do Alvará de Licença de Construção das Torres de escritórios do Colombo, de acordo com o previsto no n.º 3 do art. 21 do Decreto-Lei n.º 445/91 de 20 de Novembro, alterado pelo Decreto-Lei n.º 250/94 de 15 de Outubro." – Cfr. p.i. apenso e fls. 162 dos autos;

14. Por requerimento recebido na Câmara Municipal de Lisboa em 14.9.2001, a requerente reiterou ao Presidente da Câmara Muni-

cipal o pedido de emissão do alvará de licença de construção das duas torres de escritórios a construir sobre o edifício já existente (Centro Colombo) *"em virtude de já ter procedido ao pagamento das taxas devidas nas termos da lei pela emissão do Alvará de licença de Construção."*, juntando o documento supra referido em 10. – Cfr. p.i. apenso e fls. 164 a 165.

15. O Presidente da Câmara Municipal de Lisboa não procedeu à emissão do Alvará supra referido.

16. Por requerimento de 19.11.2001 a requerente veio pedir a intimação do Presidente da Câmara Municipal de Lisboa a emitir o Alvará de Licença de Construção de duas torres de escritórios sobre o edifício já existente na sub-unidade de gestão 1.1. constituída pelo Plano de Pormenor do eixo Urano Luz-Benfica, supra referido.

*

Nos-termos do disposto no art. 62 do Decreto-Lei n.º 445/91 de 20.11 com as alterações introduzidas pelo Decreto-Lei n.º 250/94 de 15.10, *nos casos de deferimento, expresso ou tácito, de pedidos de licenciamento, perante recusa injustificada ou falta de emissão do alvará respectivo, pode o interessado pedir ao Tribunal Administrativo do Círculo a intimação da autoridade competente para proceder à referida emissão* (sendo condição do conhecimento do pedido de intimação o pagamento ou depósito das taxas devidas, nos termos, in casu, do disposto nos n.ºs 2 e 3 do art. 21 e devendo o requerimento ser instruído com os documentos referidos n o n.º 3 do referido art. 61).

De acordo com o art. 61 do diploma referido, *a falta de decisão, aprovação ou autorização nos prazos fixados no presente diploma corresponde ao deferimento tácito da respectiva pretensão.*

Na falta de resposta, constituiu garantia bancária a favor da Câmara Municipal para garantir o pagamento daquelas taxas, a qual juntou ao processo reiterando o pedido de emissão do alvará de licença de construção, em 14.9.2001.

Verificam-se, pois, pelo exposto, todos os pressupostos previstos no art. 62 do Decreto-Lei n.º 445/91 para a procedência do pedido da requerente.

*

Pelo exposto, tudo visto e ponderado, ao abrigo do disposto nos arts. 62 do Decreto-Lei n.º 445/91 de 20.11 e art.88 da Lei de Processo nos Tribunais Administrativos, *intimo o Presidente da Câmara Municipal de Lisboa a proceder à emissão do alvará de liçença de construção das duas torres de escritórios sobre o edifício já existente (Centro Colombo) na sub-unidade de gestão 1.1. constituída pelo Plano de Pormenor do Eixo Urbano Luz-Benfica no âmbito do processo n.º 610/0B/00*, no prazo de quinze dias, sob pena do disposto no n.º 3 do art. 88 da Lei de Processo nos Tribunais Administrativos e no n.º 7 do art. 62 do Decreto-Lei n.º 445191 de 24.11.

Sem custas, por isenção da autoridade requerida.

Registe e notifique.

Lx.,30.01.02

ACÓRDÃO DO SUPREMO TRIBUNAL ADMINISTRATIVO

Acordam, em conferência, na 1ª Secção do Supremo Tribunal Administrativo:

1 – RELATÓRIO
1.1 A..., recorre da sentença do TAF de Lisboa, de 20-11-04, que negou provimento ao recurso contencioso por si interposto de deliberação da CM de Lisboa, de 29-5-02, que revogou o deferimento tácito do seu pedido de licenciamento para a construção de duas torres no Edifício ....
Nas suas alegações formula as seguintes conclusões:
"1.º – A sentença do TAC, de 30 de Janeiro de 2002, que ordenou a passagem do alvará permitindo a construção das duas torres no edifício..., como sentença de condenação, tem por objecto, na concepção minimalista sobre o objecto da sentença, três entidades jurídicas: o "jus aedificandi" corporizado no alvará, o direito a que seja passado o alvará de construção e a ordem para o passar;
2.º – Tanto assim é que, no caso de não ser cumprida a ordem em que consiste a condenação, a certidão da sentença vale, funcionalmente, como se de um alvará se tratasse;
3.º – O direito a construir fica tutelado e corporizado no respectivo alvará ou na certidão da sentença-alvará que o substitui;
4.º – O trânsito em julgado da sentença-alvará torna o seu conteúdo indiscutível, a não ser que haja fundamentos para o recurso extraordinário de revisão, o que não se verifica na sentença "sub judice";
5.º – O próprio objecto da sentença e do julgado faz parte pelo, nexo necessário entre a licença e o alvará, o acto tácito ou expressão de deferimento do pedido de construção e a própria licença de construção;

6.º – O facto de nos encontrarmos perante uma sentença transitada, perante um caso julgado, impede que se estabeleça um paralelismo entre as condições de revogabilidade do acto tácito de deferimento e as condições de modificação dos efeitos da sentença, que ordene a passagem do alvará transitada em julgado;

7.º – O caso julgado da sentença que ordena a passagem do alvará poderá passar a ser inútil por os seus efeitos não serem aplicáveis em razão de factos posteriores à sentença, mas não poderá ser infirmado ou revogado com base em factos anteriores ao encerramento da discussão de causa;

8.º – Com efeito, o processo de intimação à passagem de um alvará constitui um processo próprio e principal ou autónomo de condenação à prática de um acto devido e não um mero processo cautelar;

9.º – O caso julgado, melhor os limites objectivos do caso julgado, cobrem o deduzido e o dedurivel,o que inclui todas as excepções que o réu ou autoridade recorrida podia opor até ao encerramento da discussão da causa;

10.º – As anulabilidades eventualmente invocadas nesse processo de condenação apresentam-se processualmente como excepções ou "contradireitos";

11.º – No caso "sub judice", o acto de revogação do acto tácito de deferimento, que se impugna, resulta do exercício de um poder exercido com fundamento na exigência de anulabilidades que se verificaram no procedimento de formação daquele acto tácito, logo antes do encerramento da discussão no processo de condenação à passagem do alvará;

12.º – O acto revogatório ora impugnado viola assim frontalmente o julgado e é, por isso mesmo, absolutamente nulo, nos termos dos artigos 498.º, 1, 668.º, 1, d), 497.º do Código do Processo Civil, aplicáveis por força do artigo 1.º da LPTA e do artigo 205.º, 2 da Constituição;

13.º – O acto revogatório do alvará viola também os princípios de justiça e de boa-fé pois significa um "venire contra factum suum" e ao aproveitar-se de uma situação ilegal para a qual a Câmara Municipal de Lisboa e o seu Presidente exclusivamente contribuíram: a falta de audição de entidades estranhas ao Município no processo gracioso de licenciamento;

14.º - E nem se diga que há um conflito entre o princípio da legalidade e a boa-fé e a justiça, porque a boa-fé e a justiça fazem parte da legalidade no caso concreto, como princípios com consagração constitucional que são; constituem princípios de integração vertical de todas as fontes de direito que regulam o agir da Administração;

15.º - A revogação do acto administrativo constitui mesmo, como exercício de um poder discricionário que é, um dos casos típicos da aplicação do princípio da boa-fé quando o valor da estabilidade e da confiança dos particulares deva prevalecerem virtude das circunstâncias sobre o interesse público necessário também prosseguido pela Administração;

16.º - "Mutatis mutandis" o mesmo pode dizer-se da função integrativa do princípio da justiça, o qual é igualmente desrespeitado.

No caso concreto, pela atitude tomada pela Recorrida e seu Presidente e pela falta de atenção dos interesses da Recorrente que puseram em causa e gravemente prejudicaram;

17.º - O acto de revogação está assim ferido, também por este motivo, de violação da lei por desrespeito pela boa-fé e pela justiça - no artigo 266.º, 2 da Constituição e 6.º e 6.º A do CPA;

18.º - O acto revogatório ora impugnado está igualmente ferido de incompetência pois que a limitação temporal de poder de revogação até à extinção do prazo do recurso contencioso ou até à reposta da autoridade recorrida no processo - artigo 141.º do C.P.A. - deve entender-se extensiva aos processos em que se aprecia a legalidade do acto revogado, ou este é abrangido nos limites objecto do caso julgado como acontece no processo de intimação de passagem de alvará;

19.º - É que o preceito do CPA, no seu segundo terminus "ad quem", a resposta da autoridade recorrida, visa proteger a estabilidade da instância e do caso julgado que se forma sobre acto impugnado;

20.º - Por último, ao revogar o acto tácito de deferimento sem lhe substituir uma regulamentação material - nem sequer a anteriormente existente - limitando-se a remeter para o prosseguimento do procedimento administrativo, a Recorrida prolongou "contra legem" o período para decidir, infringindo o seu dever de decidir, o que se representa uma violação da lei, ou outra violação dos limites temporários da sua competência, consoante o entendimento que se perfilhar.

21.º – Em consequência do acima exposto, a aliás douta, sentença do 1º Juízo Liquidatário do Tribunal Administrativo e Fiscal de Lisboa, de 20 de Novembro de 2004, ao não considerar ou desatender os vícios invocados pela Recorrente e existentes no acto da Câmara Municipal de Lisboa de 24 de Maio de 2002, violou a lei substantiva e também a lei processual que lhe cabia aplicar, devendo assim ser anulada.

Pelo exposto deve a aliás douta sentença "a quo" agora impugnada ser revogada e o presente recurso ser considerado procedente, sendo o acto revogatório impugnado declarado nulo por violação do julgado ou, quando assim se não entender, anulado por violação da lei, ao ofender os princípios da boa-fé, da justiça e ainda por ter violado os limites temporais postos ao exercício da competência revogatória por parte da Câmara Municipal ou ainda, por último, por violação do dever de decidir no tempo imposto por lei" – cfr. 252-57.

1.2 Por sua vez, a Entidade Recorrida, tendo contra-alegado, apresenta as seguintes conclusões:

"*a*)Como ficou demonstrado nos n.ᵒˢ 3 a 16 destas alegações de recurso jurisdicional, não há na douto sentença recorrida erro de julgamento por se ter ali entendido que o acto revogatório da CML, de 29.05.2002 não viola os limites objectivos do julgado da sentença de 30 de Janeiro de 2002;

b) é que, como ficou demonstrado, o juízo positivo do tribunal da intimação sobre o preenchimento dos pressupostos de formação do acto tácito de deferimento (constantes das leis procedimentais e substantivas) não tem qualquer valor no que toca à conformidade material ou substancial desse acto com as regras e princípios jurídicos que lhe sejam aplicáveis;

c) pode assim dar-se o caso de existirem deferimentos tácitos reconhecidos judicialmente que padeçam, ab origine, e continuem a padecer, de um vício gerador da sua nulidade ou anulabilidade;

d) não se extingue assim, por efeito da sentença intimatória, o poder da Administração revogar deferimentos tácitos ilegais, como igualmente se não extingue o poder de um tribunal anular, ou declarar nulo, um deferimento tácito ilegal;

e) aliás, a seguir-se a tese da Recorrente, estaria aberto na lei o caminho para a prática das maiores ilegalidades: bastaria a formação de um acto tácito e o reconhecimento dessa formação por sentença transitada em julgado para, "uma obra ficar autorizada nos precisos termos em que foi requerida a licença", independentemente da legalidade desses mesmos termos;

f) não foi manifestamente com essa intenção que o legislador consagrou no Decreto-Lei n° 445/91 o instituto do deferimento tácito, nem, primeiro, a acção para o reconhecimento de direitos e depois (com a alteração introduzida pelo Decreto-Lei n.° 250/94), a intimação judicial para um comportamento:

g) assinalou-se também que o âmbito de cognoscibilidade judicial num e noutro desses meios processuais é igual, circunscrevendo-se ao (re)conhecimento dos pressupostos de formação de uma deferimento tácito, razão pela qual a Jurisprudência nesta matéria se manteve, e bem, inalterada após a publicação do mencionado Decreto-Lei n.° 250/94;

h) como também ficou demonstrado, não há na douta sentença recorrida erro de julgamento, por não se ter ali declarado que o acto revogatório da CML, de 29 de Maio de 2002 padecia de invalidade ou ofensa dos princípios da boa fé e da justiça (artigos 262.°, n.° 2 da CRP e 6.° e 6.°-A do CPA) – que não padece;

i) é que, não constituí um "venire contra factum proprium", e uma violação desses princípios, o facto de a Recorrida revogar um acto com fundamento na preterição da consulta a entidades externas à CML, ainda que a promoção dessa consulta seja (como no caso é) da sua competência;

j) é que, se por um lado, a lei põe a cargo da CML, o dever de promover aquelas consultas, também a vincula, por outro lado, a revogar os actos administrativos ilegais que tenham sido por si praticados com preterição dessa obrigação;

k) sendo assim, o acto de revogação em causa não viola os princípios da boa fé ou da justiça, antes constitui o exercício válido de um poder vinculado que é atribuído por lei fios órgãos administrativos e, no caso concreto, à CML de revogar os actos ilegais, ainda que a ilegalidade se deva a culpa sua;

l) a douta sentença recorrida não padece de erro de direito por ter julgado que o acto revogado não viola o art. 141.º/1 do CPA, dado que este preceito não deve ser interpretado no sentido de proibir a revogação dos actos administrativos inválidos após a contestação da Administração nos processos de intimação para a passagem de alvará;

m) é que nas acções de intimação se discute a legalidade do acto tacitamente deferido e a ligação do termo do prazo de revogação dos actos administrativos (por ilegalidade) ao termo do prazo para a apresentação da resposta ou contestação da autoridade recorrida no recurso contencioso só se compreende e justifica porque esse meio processual do recurso contencioso de anulação tem precisamente em vista "julgar" da legalidade ou ilegalidade desses actos;

n) a douta sentença recorrida também não padece de erro de direito por ter julgado que o acto de revogação em causa não padece do vício de incompetência absoluta;

o) na verdade, no Relatório Final elaborado no âmbito do procedimento oficioso determinado pelo Despacho n.º 188/P/ /2002 (junto aos autos) propõe-se a revogação do acto de deferimento do pedido formulado no Proc. n.º 610/B/2000, com fundamento na sua anulabilidade, mas também "a promoção das consultas obrigatórias às entidades externas ao município da Lisboa, de acordo com a legislação em vigor, devam emitir parecer, autorização ou aprovação relativamente aos projectos das especialidades, nos termos dos artigos 19.º e 20.º do Decreto-Lei n.º 445/91, por forma a permitir a tomada de uma decisão final no procedimento de licenciamento da obra em apreço";

p) assim, nem o procedimento em causa foi deixado a meio nem deixou de se lhe prover substantivamente.

Nestes termos (...) deve o presente recurso jurisdicional ser declarado improcedente, confirmando-se o acertamento da douta sentença recorrida." – cfr. fls. 279-283.

1.3 No seu Parecer de fls. 288-292, a Magistrada do M. Público pronuncia-se pelo não provimento do recurso jurisdicional.

1.4 Colhidos os vistos, cumpre decidir.

FUNDAMENTAÇÃO

2 – A MATÉRIA DE FACTO

A matéria de facto pertinente é a dada como provada na sentença "a quo", que aqui considerámos reproduzida, como estabelece o n.º 6, do artigo 713.º do CPC.

3 – O DIREITO

3.1 A questão a dirimir no âmbito do presente recurso jurisdicional pode sintetizar-se nos seguintes termos:

Tendo transitado em julgado a sentença, de 30-01-02, do TAC de Lisboa, que intimou o Presidente da CML a proceder à emissão de licença de construção de duas torres de escritórios no edifício já existente do Centro ..., continua a CML a poder exercer o seu poder dispositivo sobre o pedido de licenciamento formulado pela aqui Recorrente, designadamente, revogando, dentro do prazo de um ano, o deferimento tácito entretanto formado?

3.1.1 A esta interrogação a sentença do TAC, agora objecto de recurso, respondeu afirmativamente, considerando que a deliberação da CM de Lisboa, de 29-5-02, ao revogar o já aludido deferimento tácito, não violou qualquer das normas ou princípios invocados pela Recorrente, em especial, não tendo desrespeitado o caso julgado. Para assim decidir, a sentença recorrida assentou no quadro argumentativo que, seguidamente, se resume, sendo que, importa realçar, desde já, que iremos dirigir a nossa atenção, em primeiro lugar, à construção perfilhada pelo Juiz "a quo" em sede da arguida violação do caso julgado, por ser esta a questão que, na óptica da Recorrente, se procedente for, deverá conduzir à declaração de nulidade do acto objecto de impugnação contenciosa, procedamos, então, à pertinente síntese:
– A decisão judicial de intimação do Presidente da CML para proceder à emissão do alvará de licença da licença em causa

não teve em consideração a legalidade do deferimento tácito do pedido de licenciamento;
– Não se pode, por isso, falar aqui da violação dos limites objectivos do caso julgado, na exacta medida em que a sentença do TAC se não debruçou sobre a questão da legalidade do acto tácito.

3.1.2 Outra é, porém, como já se viu, a posição defendida pela Recorrente, que continua a pugnar pela violação do caso julgado, imputando-a à deliberação da CML, de 29-5-02, a qual, destarte, estaria inquinada de nulidade, nos termos das disposições combinadas dos artigos 205.°, n.° 2 da CRP, 494.°, n.° 1, 668.°, n.° 1, alínea d), 497.° do CPC e 133.°, n.° 2, alínea h), do CPA.

E, isto, no essencial, por entender que, caso em, apreço, o trânsito em julgado da "sentença-alvará" torna o seu conteúdo indiscutível, a menos que haja fundamento para o recurso extraordinário de revisão, estando a Administração legalmente impossibilitada de revogar o deferimento tácito com base em factos anteriores ao encerramento da discussão da causa, como sucede com o fundamento em que se alicerçou o acto revogatório, a saber: a não consulta no procedimento de Entidades estranhas ao Município. Por outro lado, salienta que as anulabilidades que, eventualmente, inquinassem o deferimento tácito deveriam ter sido invocadas no pedido de intimação, onde se apresentariam como excepções ou "contradirieitos", vigorando, aqui, o princípio da preclusão, isto é, que o julgado deve cobrir não só o deduzido mas também o dedutível, daí que, não tendo a Administração invocado no pedido de intimação qualquer circunstância susceptível de obviar ao seu deferimento, designadamente, por anulabilidade do acto tácito, se tenha visto impossibilitada de, ulteriormente, vir a revogar tal acto tácito, precisamente, com base em fundamento que poderia e deveria ter sido aduzido em sede do processo de intimação.

3.1.3 Contudo, esta postura da Recorrente não é compartilhada nem pela Entidade Recorrida nem pela Magistrada do M. Público, que sustentam não ter a sentença do TAC violado o caso julgado, basicamente pelas razões que constam do questionado aresto. Na verdade, na leitura que fazem do quadro legal aplicável à situação em análise, têm que a sentença recorrida não atentou contra o caso julgado, dado que o juízo formulado no âmbito do pedido de intimação não envolveu uma qualquer apreciação quanto à legalidade do deferimento tácito, não se extinguindo, por isso, com a "sentença intimatória" o poder da Administração revogar deferimentos tácitos ilegais, nos termos do artigo 141.º do CPA.

3.2 Vejamos, agora, se procedem ou não as censuras que a Recorrente dirige à sentença do TAC, conhecendo-se, prioritariamente, do invocado erro de julgamento no concernente à decisão tomada quanto à arguida violação do caso julgado (conclusões 1ª a 12ª da alegação da Recorrente).

No caso em apreço, o que se pretende trazer à colação é o caso julgado material, entendido este como a força obrigatória que a decisão sobre a relação material controvertida fica tendo, dentro do processo e fora dele, uma vez transitada em julgado a decisão.

Ora a este nível não é despiciendo apurar se a decisão em questão, ou seja, a sentença do TAC,de 30-102, foi ou não proferida no âmbito de processo que se reconduza ao paradigma consubstanciado no "recurso de anulação", ou a este assimilável, em termos do seu objecto e do alcance dos poderes conferidos ao Juiz, ou se, diversamente, não estaremos em face de um domínio em que o Tribunal se deva pronunciar, essencial ou principalmente sobre a existência ou inexistência de uma situação subjectiva. Do já exposto decorre a importância de que se reveste a indagação a proceder em sede dos limites objectivos do caso julgado, desde logo se adiantando não existir coincidência quanto ao sentido e alcance dos meios processuais susceptíveis de se reconduzirem à regulamentação típica do processo de recurso contencioso e os meios processuais passíveis de se enquadrarem no assim denominado contencioso de plena jurisdição. Com efeito, a tutela imediata que é proporcionada pelo meio processual de recurso contencioso não é a mesma que é concedida no âmbito do contencioso de plena jurisdição, existindo uma clara diferença, desde logo ao nível dos poderes de Juiz. Ora, no âmbito de aplicação da LPTA, se olharmos ao recurso contencioso, temos que o sistema se caracteriza, ainda, por uma clara influência do modelo contencioso administrativo francês, onde a função do Tribunal assume um cariz essencialmente "anulatório", não se consubstanciando num contencioso de plena jurisdição, atenta a natureza meramente cassatória do recurso.

Dentro deste enquadramento, o Tribunal não pode condenar a Administração à prática de um acto administrativo, não detendo, por outro lado, poderes de substituição, sendo que, por último, lhe está vedada a possibilidade de, no contexto deste específico meio processual, adoptar contra a Administração qualquer tipo de injunções ou proibições, daí que o acesso do Particular à via contenciosa não possa culminar, por exemplo, na imposição à Administração de prestações de facere ou de non facere.

Isto é, assim, basicamente, pelas já apontadas características do contencioso administrativo, no quadro de aplicação da LPTA, que não vai além da função meramente "anulatória", assentando, fundamentalmente, num processo vocacionado para sindicar a legalidade de um acto administrativo, não estendendo, contudo, directa ou principalmente, tal actuação jurisdicional ao conteúdo da relação jurídica administrativa que lhe está subjacente,o que leva, em especial, ao entendimento jurisprudencial deste STA, que aponta no sentido de o caso julgado ser constituído apenas pela decisão de "anulação" do acto recorrido ou da sua declaração de inexistência ou nulidade (decisum), e pelo vício que concretamente levou a tal decisão (causa decidendi).

É que, se em causa estivesse a relação jurídica administrativa, então, o Tribunal talvez já pudesse definir os direitos dos respectivos sujeitos, não se limitando à mera função "anulatória".

Só que, no estrito quadro do recurso contencioso as posições subjectivas dos Particulares são essencialmente consideradas enquanto concorrendo para a demonstração da legalidade do acto objecto de impugnação contenciosa.

Pode, por isso, concluir-se, desde já, que a tutela das ditas posições não é inteiramente satisfatória, por se circunscrever, numa primeira fase (aquele que corresponde ao processo de recurso contencioso), à mera eliminação da ordem jurídica do acto tido como lesivo das ditas posições subjectivas.

Ou seja, no âmbito do recurso contencioso o Tribunal só pode proferir uma sentença constitutiva de anulação ou declarativa de inexistência ou nulidade, incumbindo à Administração retirar as consequências do julgado "anulatório", praticando os actos jurídicos e as operações materiais necessárias ao cumprimento integral da decisão jurisdicional.

Ao que acresce o facto de o "processo de execução" delineado no DL 256-A/77, se consubstanciar num meio de tutela declarativa e não propriamente executiva.

De qualquer maneira, é precisamente por o contencioso administrativo, no quadro do meio processual de recurso, ter a apontada função meramente "anulatória", sem a possibilidade de definir, desde logo, no processo, o quadro das relações materiais subjacentes ao acto, que se justifica a possibilidade de o Particular aceder, de novo, à via contenciosa, agora, para, perante uma eventual inexecução da decisão anulatória, se poder, então, pela primeira vez, definir quais os actos e as operações em que a execução se deva traduzir, destarte intervindo o Tribunal inovatoriamente quanto à questão da enunciação e configuração dos deveres em que Administração fica constituída.

Refira-se ainda que, no âmbito do recurso contencioso, como já antes se assinalou, o Tribunal não define o quadro das relações materiais subjacentes ao acto, razão pela qual se tem entendido que o caso julgado formado na sequência da decisão anulatória não é susceptível de conformar a conduta das partes em relação a tais relações, ao que acresce o facto de a decisão anulatória não especificar o modo como a execução se deva traduzir, e, isto, fundamentalmente, por o recurso não ter sido perspectivado para nele se dirimir tudo aquilo que tenha a ver com a aludido quadro.

Por outro lado, importa não olvidar que o objecto do processo, no caso do recurso contencioso, se define e delimita por referência ao acto impugnado, dele se encontrando, por isso, desligadas as questões que se não reportem à sua validade, não estando, designadamente, em causa, a relação jurídica administrativa subjacente, ao que se pode aditar a circunstância de o objecto de recurso não se encontrar, em bom rigor, apenas delimitado em função dos vícios invocados contra o acto (sem prejuízo, como é sabido, do conhecimento oficioso dos vícios conducentes à declaração de inexistência ou de nulidade do acto), mas, também, logo a montante, tendo em atenção a pré-delimitação constante do acto, o que tudo, de per si, não deixa, obviamente, de limitar o alcance do caso julgado que se venha a formar, na sequência de decisão anulatória, não abrangendo, consequentemente, por parte do Recorrente, a defesa da integralidade das suas posições subjectivas perante a Administração, por forma a que a questão venha a ser dirimida em toda a sua extensão, e não só em função do comportamento revelado pelo acto, circunstância que, em boa verdade, não deixa de constituir uma limitação em termos de uma tutela imediata, plena e eficaz das aludidas posições subjectivas, em especial, quando se esteja perante condutas omissivas por parte da Administração.

Sucede que, precisamente devido às deficiências que encerra o modelo acabado de descrever é que, nalgumas situações, designadamente, quando se tratava de reagir contra situações de omissão por parte da Administração no âmbito dos procedimentos urbanísticos, o Legislador entendeu por bem delinear um outro modelo de reacção, não modelado com base no recurso contencioso, deste modo procurando melhorar o sistema, por forma a conseguir a efectividade da tutela jurisdicional proclamada nos artigos 20.º e 268.º, n.º 4, da CRP.

Faz-se, aqui, um pequeno parêntese, para salientar que não basta possibilitar o acesso à Jurisdição Administrativa, desde que a esta não sejam propiciados os meios necessários a uma eficaz tutela das posições subjectivas dos Particulares, o que bem se entende, se olharmos à função instrumental da que se reveste a tutela jurisdicional, não se esgotando esta na mera possibilidade de aceder ao Tribunal, antes se impondo que a cada um seja fiada a possibilidade de obter a tutela jurisdicional efectiva que a sua situação proclama, devendo o Legislador Ordinário desenvolver todo o potencial garantístico acolhido no texto constitucional, sendo que este se assume como um verdadeiro impulsionador de uma nova Justiça Administrativa, abrindo-lhe mais alargados horizontes e fixando os parâmetros orientadores da margem de conformação legal da legislação infraconstitucional, de modo a que o Contencioso Administrativo se perspective como um instrumento de garantia dos direitos fundamentais.

Na verdade, como é sabido, a Justiça é um valor fundamental do Estado de Direito Democrático, que todo o ordenamento jurídico deve prosseguir, sendo a sua consecução um dos fins primordiais do Estado, que, assim, se terá de organizar por forma a que os cidadãos não vejam frustrados os seus direitos, devendo, por isso, criar os instrumentos processuais adequados a tal fim, deste modo contribuindo para a criação de um clima de confiança nas instituições.

A este nível, o direito processual poderá ser visto como dos meios para atingir a garantia de justiça contida na Constituição.

Ora, é neste quadro interpretativo que devemos vero meio processual previsto no artigo 62.º do DL 445/91, de 20-11, na redacção do DL 250/94, de 15-10.

Com efeito, já não estamos, aqui, no âmbito de um meio passível de ser enquadrado no contencioso meramente anulatório, antes tendo o Legislador optado por outro modelo mais consentâneo com uma cabal e eficaz defesa das posições subjectivas dos Particulares.

Na realidade, estamos em face de um meio processual autónomo e independente de qualquer outro meio contencioso ou administrativo, que se assume como um meio processual principal, destinado a proporcionar a tutela ao Particular, mediante uma acção condenatória que tem em vista obter que a Administração emita um título jurídico que, encerrando definitivamente o procedimento administrativo, confira ao Interessado o direito de iniciar as obras sujeitas a licenciamento.

Ver, no mesmo sentido, entre outros, os Acs deste STA, de 24-7-96 – Rec. 40671, de 1-7-97 – Rec. 42362, de 27-2-97 – Rec. 41563, de 30-9-97 – Rec. 42761 e de 22-1-04 – Rec. 2064/03-11.

Este novo meio processual pode, por isso, qualificar-se como sendo uma acção para determinação do acto legalmente devido.

Por outro lado, a possibilidade prevista no citado artigo 62.º de o Tribunal intimar a Administração a emitir o alvará que titule o licenciamento terá de pressupor a antecipada certeza de que o comportamento a impor ao Ente Público corresponde a um dever de agir por ele omitido.

Importa ainda, realçar o especial relevo de que se reveste o alvará, estando, como está, vocacionado para titular os direitos conferidos anteriormente por outro acto, deste modo comprovando a existência do direito à realização de uma determinada operação urbanística outorgado pelo acto licenciador.

Ora, precisamente por o pedido de intimação se apresentar como almejando assegurar uma eficaz tutela das posições subjectivas do Particular é que se justifica que nele seja possível apurar não só da verificação do deferimento tácito em que assenta o pedido de intimação como também das eventuais causas justificativas da recusa de emissão do alvará por banda do Ente Público.

Em face de uma recusa ou da falta de emissão do alvará por parte da Administração, incumbe ao Tribunal apreciar se a recusa, expressa ou silente, de emissão de alvará é ou não justificada, ou seja, se existe razão, legalmente atendível, que fundamente tal posição, devendo ser resolvidas no processo todas as questões que relevem para a decisão do pedido de intimação formulado pelo Interessado.

Cfr., nesta linha, entre outros, os Acs. deste STA, de 27-2-97 – Rec. 41563, de 1-7-97 – Rec. 42362, de 30-9-97 – Rec. 42761, de 18-8-99 – Rec. 45269, de 16-11-00 – Rec. 46455 e de 24-4-01 – Rec. 47510.

Na verdade, cumpre não olvidar que o Legislador pretendeu, claramente, reforçar as garantias contenciosas dos Particulares, por isso é que substituiu a anterior acção de reconhecimento de direitos, prevista para as situações de deferimento tácito, por uma intimação judicial à entidade competente para a emissão do alvará, atribuindo, inclusivamente, à certidão da sentença, transitada em julgado, que haja ordenado a emissão de alvará, efeito substitutivo do alvará não emitido (cfr. o n.º 8, do artigo 62.º do DL 445/91, na redacção do DL 250/94).

Em suma, temos que o novo meio processual criado pelo Legislador, ou seja, a intimação judicial para um comportamento (emissão de alvará), visou, manifestamente, proporcionar uma tutela acrescida aos interessados, quando confrontada com a que era concedida na vigência da anterior redacção do artigo 62.º (acção para reconhecimento dos direitos constituídos em caso de deferimento tácito).

Estamos assim, perante um meio contencioso principal, que por si só satisfaz, em termos definitivos, a pretensão do interessado.

Cfr., a este propósito, em especial, o Ac. deste STA, de 27-2-97 – Rec. 41563. O Particular, quando acciona o meio processual previsto no já referido artigo 62.º (intimação judicial para emissão de alvará), pretende fazer valer a sua posição substantiva, no âmbito de um processo de condenação da Administração à prática do acto ilegalmente recusado, não se estando, como já antes se salientou, em face de um processo de impugnação, daí que o objecto do processo seja a pretensão do interessado e não propriamente o acto de recusa, expressa ou silente, de emissão de alvará, antes levando o interessado a juízo a sua posição subjectiva em todos os termos em que ela se desdobre, pedindo o seu cabal reconhecimento, por forma a que a sentença que venha a ser proferida discipline o ulterior comportamento das partes, designadamente do Ente Público demandado.

Por isso é que no âmbito deste meio processual, incumbirá à Administração a alegação e demonstração dos eventuais factos impeditivos ou extintivos que possam ser oponíveis à pretensão deduzida pelo Particular (não se considerando, aqui, obviamente, aquelas situações que, por serem de conhecimento oficioso, devam ser apreciadas pelo Tribunal, como é caso, da eventual existência de vício gerador de declaração de inexistência ou de nulidade do deferimento tácito), tudo com o objectivo de obter do Tribunal uma sentença que defina as posições do Interessado e os termos da conduta a adoptar pelo Ente Público demandado, com o alcance de precludir a possibilidade de a Administração ainda vir depois a invocar, designadamente, fundamentos susceptíveis de levar à anulação do deferimento tácito, subsequente ao trânsito em julgado da sentença intimatória.

Com efeito, temos para nós que neste meio processual é particularmente actuante o princípio da preclusão do deduzido e do dedutível.

Não se pode, assim, quanto a nós, falar aqui de eficácia relativa do caso julgado, circunscrevendo-o apenas às questões que, efectivamente, foram objecto de apreciação por parte do Tribunal, não se estando, a este nível, como já antes se assinalou, em face de um figurino susceptível de se reconduzir ao modelo cassatório de anulação (de que é paradigma o recurso contencioso), antes se reconhecendo que o objecto do processo é a própria pretensão do interessado, inserida na relação jurídica material controvertida. É claro que sempre se poderá pretender contra-argumentar com a circunstância de assim se permitir, de alguma maneira, que, numa situação de ilegalidade do deferimento tácito (estamos aqui a reportar-nos, única e exclusivamente, àqueles casos em que o a deferimento tácito esteja inquinado de vício passível de conduzir à sua anulação) a Administração se veja impedida de revogar tal acto silente, por força do efeito do efeito julgado, nos moldes já atrás explicitados, só que isto é assim, precisamente, devido à necessidade de garantira certeza do Direito e a segurança jurídica, que, deste modo terá de prevalecer.

Temos, assim, ser incompatível como regime do caso julgado, a revogação, depois do trânsito em julgado de sentença intimatória, do acto de deferimento tácito já identifcado nos autos, sendo que, neste enquadramento, a Administração perdeu o seu poder dispositivo quanto à regulação da situação em causa, consequentemente estando coberto pelo caso julgado a vertente da legalidade (entendida aqui como unicamente reportada aos vícios geradores de mera anulação) da primeira definição (tácita) que funcionou como um dos pressupostos do pedido de intimação.

De facto, não é descabido relembrar que neste meio processual de intimação o Tribunal procede a um verdadeiro accertamento das posições subjectivas das partes, não podendo, por isso, falar-se aqui de um mero accertamento negativo do poder manifestado através de um acto administrativo, na exacta medida em que, como já antes se assinalou, o objecto do processo se reconduz à posição subjectiva do Particular perante a Administração, pedindo, no fundo, que o Tribunal reconheça o seu direito à emissão do alvará, sendo que à Administração incumbe o ónus preclusivo de fazer valer, no processo de intimação, todos os fundamentos susceptíveis de obviar ao deferimento da pretensão do Interessado, nele se incluindo, designadamente, os atinentes com os vícios passíveis de conduzir à mera anulação do acto silente, e, tudo isto, precisamente, pela circunstância de o pedido de intimação não estar desligado do efectivo reconhecimento da posição substantiva de fundo que o Particular contrapõe à Administração.

Em síntese, a sentença, transitada, que defere o pedido de intimação, projecta um efeito preclusivo complementar sobre o ulterior exercício do poder administrativo, impedindo, nos termos já atrás referidos, a revogação do acto tácito, não podendo a Administração, mediante a prolação de acto expresso (acto revogatório do deferimento tácito) vir a fazer valer aspectos que incidam na relação jurídica administrativa sobre que se debruçou a sentença, mas que já anteriormente eram dedutíveis mas não foram deduzidos (pela Administração), a isso obviando a autoridade do caso julgado, que, na situação dos autos, acaba por ter o já apontado efeito preclusivo do exercício do poder revogatório, na medida em que a Administração não deu cabal cumprimento ao ónus que sobre ela impendia de aduzir e esgotar os fundamentos que tivesse por pertinentes em termos de basear a sua recusa em relação à pretensão da agora Recorrente.

Só este entendimento é que se coaduna com o objectivo assumido pelo Legislador, de proporcionar uma tutela mais plena e eficaz aos interessados, sendo certo que a tutela jurisdicional depende não só do conteúdo formal das pronúncias que são emitidas mas também da extensão do objecto do processo no seio do qual elas são proferidas, deste modo se ampliando a autoridade do caso julgado, o que, necessariamente, ficaria prejudicado se, no quadro atrás descrito, a Administração, apesar do trânsito em julgado da decisão judicial intimatória pudesse, ainda, revogar o deferimento tácito, com base em vício susceptível de levar à sua mera anulação, como, de resto, sucedeu no caso dos autos, em que é incontroverso que o fundamento invocado para o exercício do poder revogatório do acto silente se baseou apenas na anulabilidade do deferimento tácito (cfr. a alegação da Recorrente, a fls. 218 e a contra-alegação da Entidade Recorrida, a fls. 265). E, isto é assim, basicamente, devido ao facto de a decisão intimatória impor à Administração o cumprimento de um dever de conteúdo positivo (a emissão de alvará), nocontexto de umprocesso que visa a definição de uma relação jurídica administrativa.

Podemos, por isso, concluir, que, no caso em apreço, a aplicação do princípio do deduzido e do dedutível implica que o accertamento judicial decorrente do trânsito em julgado da sentença intimatória se estenda também às circunstâncias (vícios passíveis de levar à mera anulação do deferimento tácito), que podiam e deveriam ter sido invocadas, no processo de intimação, em termos de obviar ao deferimento do pedido de intimação, legitimando a recusa ou falta de emissão do alvará, consequentemente ficando a Administração impedida de vir, ulteriormente, a pôr em causa o julgado, sendo este o específico alcance do caso julgado material no situação em análise, destarte se impedindo que o mesmo venha a ser ofendido, com base em factos dedutíveis no processo em que se constituiu o caso julgado, já que se assim não fosse o meio processual de intimação previsto no já citado artigo 62.º acabaria por se tornar, na prática, inútil e até contraproducente, se se reconhecesse a possibilidade do exercício do poder revogatório nos moldes já antes explicitados.

3.3 Sucede, porém, que a sentença recorrida adoptou entendimento diferente do que se acabou de expor, concluindo que o acto objecto de impugnação contenciosa não enfermava da arguida violação do caso julgado, o que se consubstancia em erro de julgamento, não se podendo, por isso, manter, o que, de per si, leva ao provimento do recurso jurisdicional e, também do recurso contencioso, assim procedendo as conclusões 1ª a 12ª da alegação da Recorrente, prejudicado ficando, por isso, o conhecimento das demais conclusões.

3.4 Temos, assim, que o acto contenciosamente impugnado, ou seja, a deliberação da CM de Lisboa, de 29-5-02, viola o caso julgado, enfermando, por isso, de nulidade, nos termos da alínea h), do n.º 2, do artigo 133.º do CPA.

4 – DECISÃO

Nestes termos, acordam em conceder provimento ao recurso jurisdicional, consequentemente revogando a sentença do TAC de Lisboa e também se concedendo provimento ao recurso contencioso, declarando a nulidade da deliberação da CM de Lisboa, de 29-5-02, por ofender o caso julgado, com referência à sentença do TAC de Lisboa, de 30-1-02, proferida no Proc. n.º 871/01.

Sem custas, por delas estar isenta a Entidade Recorrida.

Lisboa, 27 de Outubro de 2005.

SANTOS BOTELHO (Relator)
PAIS BORGES
MADEIRA DOS SANTOS.

ANOTAÇÃO

1. A questão discutida e decidida pelo Acórdão da 1ª Secção, 1ª Subsecção do STA, Rec. N.º 408/05, de 127.10.85, ocupa-se fundamentalmente do âmbito dos limites objectivos do caso julgado de uma sentença injuntiva do TAC de Lisboa de 30.12.2002 que intimou o Presidente da Câmara Municipal de Lisboa a proceder à passagem do alvará de construção de duas torres no Edifício Colombo.

O problema suscitou-se por, posteriormente ao trânsito em julgado da citada sentença do TAC de Lisboa, o Presidente da Câmara ter revogado o acto de deferimento tácito do pedido de licença de construção, e a entidade titular do alvará ter impugnado o acto revogatório, recorrendo primeiro para o TAC, e, tendo este mantido o acto, interposto, depois, recurso da sentença para a 1ª Secção do STA.

O recurso para o STA invocava diversos vícios do acto revogatório e da sentença recorrida, que o manteve, mas o STA apenas conhece da alegada violação do caso julgado da sentença injuntiva, concedendo por essa razão, provimento ao recurso.

2. Na elaboração do seu Acórdão, o Supremo Tribunal Administrativo procedeu à separação dicotómica entre o tradicional contencioso de anulação, claramente dominante no âmbito temporal de vigência do ETAF de 1984 (Decreto-Lei n.º 129/84, de 27 de Abril) e da LPTA (Decreto-Lei n.º 267/85, de 16 de Julho), e os então raros exemplos do pleno contencioso em relação a actos de autoridade, as sentenças de condenação em matéria urbanística, previstas no artigo 62.º do Decreto-Lei n.º 445/91, de 20 de Outubro, na nova redacção dada pelo artigo 1.º do Decreto-Lei n.º 250/94, de 15 de Outubro.

3. Importa, aliás, desde já reconhecer que a qualificação feita no Acórdão de condenação à emissão de alvará, como um processo visando a condenação prática de um acto administrativo devido nos parece inteiramente correcta. A opção feita, na nova redacção de 94 do artigo 1.º do Decreto-Lei n.º 250/94, corresponde, aliás, a uma das vias normalmente escolhidas pelos legisladores mais tradicionais e conservadores, como o francês, para inovar em matéria de poderes de conformação do tribunal da actividade administrativa posterior às sentenças, quando nos encontramos perante a necessidade de satisfazer a situação tutelada mediante uma conduta positiva de autoridade ré ou recorrida.

Trata-se, como se diz no Acórdão, de um "meio processual autónomo e independente de qualquer outro meio contencioso ou administrativo, que se assume como um meio processual principal, destinado a proporcionar a tutela aos Particulares, mediante uma acção condenatória" – pág. 17. É, aliás, uma corrente jurisprudencial bem firmada no Supremo Tribunal Administrativo, e que, como já referimos, merece a nossa inteira concordância[1].

4. Já, porém, não acompanhamos o Acórdão, em matéria de "obiter dicta", quando, com base na bipartição efectuada entre acções ou recursos impugnatórios e acções de condenação, vem reconhecer os efeitos preclusivos do caso julgado favorável ao particular aos segundos – o que está certo –, recusando-o quanto aos processos que terminem por sentença constitutiva anulatória. O fundamento invocado no Acórdão para sustentar a diferença de tratamento assenta em que, no contencioso de anulação, o caso julgado é constituído apenas pela decisão de anulação ou da declaração de inexistência ("decisorum") e pelo vício que concretamente levou a tal decisão, ("causa

---

[1] Vejam-se, entre outros, os Acórdãos, todos da 1ª Secção do STA: Ac. de 24 de Julho de 1996, REc. 40671, Apêndice DR pg. 5593; Ac. de 27/2/97, Rec. N.º 41563, Ap. DR pg. 1577; Ac. De 1.7.97, Rec. 42.362, Ap. DR, pág. 5369; Ac. De 30.9.1997, Rec. 42.761, Ap. DR, pág. 6544; Ac. De 18/8/1999, Rec. 45269, Ap. DR pág. 4813, Ac. De 22.01.2004, in WWW/dgsi.pt. Nos referidos Acórdãos sublinha-se que o juiz, no processo de intimação, dispõe de amplos poderes para averiguar da existência de causas justificativas da inexistência do dever de emitir o alvará da câmara, o mesmo é dizer que, quando o pedido de emissão é deferido, a sentença de condenação abrange o reconhecimento, ao tempo do encerramento da discussão, de quaisquer factos que obstem à constituição do dever de praticar o acto, precludindo a possibilidade da sua invocação posterior.

decidendi"). E, em desenvolvimento dessa ideia, acrescenta-se: "refira-se ainda que, no âmbito do recurso contencioso, como já antes se assinalou, o Tribunal não define o quadro das relações materiais subjacente ao acto, razão pela qual se tem entendido que o caso julgado formado na sequência da decisão anulatória não é susceptível de conformar a conduta das partes em relação a tais relações, a que acresce o facto de a decisão anulatória não especificar o modo como a execução se deve traduzir, e isto, fundamentalmente, por o recurso não ter sido perspectivado por modo a nele dirimir tudo aquilo que tenha a ver com o aludido quadro" (pág. 14). O facto de se entender que o "processo de execução" delineado no Decreto-Lei 256/A/72 se consubstancia num meio da tutela declarativa e não propriamente executória, é também aduzido como argumento a favor da tese seguida.

Tratando-se de um dos Acórdãos onde mais profundamente é desenvolvida em termos teóricos a questão dos efeitos das sentenças anulatórias nas relações jurídicas posteriores, justifica-se fazer algumas observações que, não se reportando à decisão concreta tomada, discordam de determinados aspectos da sua fundamentação que, aliás, como "obiter dicta", não integram o caso julgado.

5. No aresto que se analisa, refere-se, e bem, que, no processo de intimação para a emissão do alvará, deve ser apreciado não apenas se se verificou o deferimento tácito, mas também todas as eventuais causas justificativas da recusa de emissão de alvará, competindo à Administração a sua alegação e demonstração. Ao tribunal, por seu turno, caberá o conhecimento "ex officio" dos vícios geradores de inexistência ou da nulidade absoluta. Já, todavia, a redução do caso julgado anulatório aos vícios concretos que levaram a considerar o acto inválido, nos termos clássicos da doutrina savigniana, não merece o nosso acolhimento.

6. Valerá a pena recordar que a posição adoptada pelo STA não é favorável à tutela jurisdicional efectiva, hoje, também, garantida constitucionalmente para a justiça administrativa – Constituição, art. 268.º, 4. De algum modo, foi essa mesma preocupação em assegurar, através do caso julgado, a maior protecção possível às situações substantivas das partes que levou Albrecht Zeuner a ensaiar uma nova leitura das relações entre os fundamentos da sentença e os limites objectivos do julgado, que abrisse caminho aos ingressos e contradições da teoria clássica[2].

A "Begruendungstheorie" ("teoria de fundamentação") foi, depois, objecto de desenvolvimentos vários, mas o seu mérito principal foi demonstrar que, mesmo nos casos das chamadas sentenças constitutivas em que se faça valer um direito a uma mutação jurídica ou um direito potestativo, a sentença formula uma "norma agendi". Entre outros, Sérgio Menchini[3], em Itália e Castro Mendes[4], em Portugal, tiveram oportunidade de examinar as substanciais vantagens que a teoria oferece em matéria de protecção de sentenças proferidas em processos constitutivos.

A evolução registada na dogmática processualista germânica[5], italiana[6] e portuguesa tem tido as suas correspondências nas obras dos administrativistas dos respectivos ordenamentos. Fundamentalmente, o caminho seguido foi o de aprofundar o conteúdo do "accertamento" das sentenças, sejam elas constitutivas ou de condenação, distinguindo para além dos efeitos "demolitórios" próprios da anulação, outros tipos de efeitos que incidem sobre as relações jurídicas duradouras em que os efeitos da renovação do exercício do poder administrativo se inserem. A teoria tem também a vantagem de expli-

---

[2] "Die Objektiven Grenzen der Rechtskraft im Rahmen Rechtlicher Sinnzusammenhaenge", Tubinga, 1959.

[3] "I Limiti Oggettivi del Giudicato Civile", Milão, 1987, esp. pág. 139 e segs e 293 e segs.

[4] "Limites Objectivos do Caso Julgado em Processo Civil". Lisboa, 1968.

[5] Para a Alemanha, veja-se a monografia de Steffen Detterbeck "Streitgegenstand und Entscheidungswirkungen im Oeffentlichen Recht", Tubinga, 1995, pág. 50 e segs., e espec. pag. 153 e segs. e 204 e segs. Para se compreender as diversas posições dos autores germânicos, há que ter em atenção que o objecto do processo é caracterizado sobretudo, em termos processuais, com escassas relações com o direito substantivo e ainda que a execução das sentenças administrativas é disciplinada pelo Código do Processo Civil, "Zivilprozessenordnung", nos termos do § 167 da Lei do Processo dos Tribunais Administrativos (VwGo).

[6] Em Itália, um dos estudos mais completos sobre as consequências nas relações jurídicas subsequentes da sentença que acolhe favoravelmente a acção de impugnação é o trabalho de Bruno Sassani, "Impugnativo Dell'Atto E Disciplina Del Rapporto", Pádua, 1989. Veja-se também, por todos, a síntese de Nigro, "Giustizia Amministrativa", 6ª ed., Bolonha, 2002, pág. 313 e segs.

car as razões por que os vícios de forma permitem a renovação do acto administrativo corrigida que seja a ilegalidade, enquanto a sentença que anula o acto por vícios substantivos impede a sua renovação. Evita ainda explicações "secundum eventum litis", sendo igualmente válida a justificação que estende o julgado à fundamentação imediata quer para as sentenças anulatórias, quer para as que mantêm o acto.

Em Portugal, até à publicação do actual Código do Processo nos Tribunais Administrativos, a sentença dos tribunais administrativos desfavorável à Administração, e mesmo as sentenças dos tribunais administrativos em geral, não eram um título executivo. Essa circunstância, aliada à ideia de que, pelo menos a retirada das consequências dos efeitos anulatórios constituía basicamente uma actividade administrativa vedada aos tribunais, conduziu à não aplicação no processo administrativo dos princípios e dogmática do processo executivo civil. Desde a obra pioneira e fundamental de Diogo Freitas do Amaral[7], seguindo neste capítulo a doutrina francesa, que, com base na eficácia retroactiva de anulação nos guiámos por uma reconstituição da situação hipotética próxima da chamada teoria da diferença em matéria de responsabilidade civil[8], só muito limitadamente acolhendo as sugestões processualistas. Nesta matéria a brilhante dissertação de Mário Aroso de Almeida[9] e o próprio Capítulo IV do Título VIII, "Novo Processo Executivo" do nosso actual Código, mantêm um distanciamento em relação à "Begruendungslehre" que se nos afigura exagerado. Seja como for, há que observar que em qualquer destas orientações, as relações jurídicas emergentes e a renovação do exercício de poder administrativo não deixam de ser condicionadas pela fundamentação da sentença que anulou o anterior acto administrativo.

No quadro desta Anotação não poderemos desenvolver o tema. Queremos, apenas, fazer notar que apesar do brilho com que a tese

---

[7] "A Execução das Sentenças dos Tribunais Administrativos", Lisboa, 1967.

[8] Veja-se, designadamente, Prosper Weil, "Les Conséquences De L'Annulation D'Un Acte Administratif Pour Excès De Pouvoir", Paris, 1952.

[9] "Anulação De Actos Administrativos E Relações Jurídicas Emergentes", Coimbra, 2002.

tradicional foi defendida no Acórdão em análise, não poderemos subscrever a opção doutrinal tomada, sublinhando uma vez mais que ela não perturbou a correcção da solução jurídica concreta que foi tomada.

Abril de 2006

Rui Chancerelle de Machete

ÍNDICE

A Relevência Processual dos Vícios Procedimentais no Novo Paradigma da Justiça Administrativa Portuguesa
Rui Chancerelle de Machete 5

Constituição e Ambiente: Errância e Simbolismo
Carla Amado Gomes 39

Direito do Ambiente: da "idade da inocência" à "idade adulta"
Mário de Melo Rocha 61

Tribunal Administrativo do Círculo de Lisboa 81

Acórdão do Supremo Tribunal Administrativo 89

Anotação
Rui Chancerelle de Machete 107